みんなのための LGBTI 人権宣言

人は生まれながらにして自由で平等

BORN FREE AND EQUAL

国連人権高等弁務官事務所―［著］
山下 梓―［訳］

合同出版

Inquiries should be addressed to
Office of the United Nations
High Commissioner for Human Rights
United Nations Office at Geneva
8-14, Avenue de la Paix
1211 Geneva 10 Switzerland

New York Office
Office of the United Nations
High Commissioner for Human Rights
United Nations
New York, NY 10017
United States of America

Credits
Prepared by the New York Office
of the United Nations High Commissioner
for Human Rights.

Consultant: Allison Jernow, Sexual
Orientation and Gender Identity
Project, International Commission
of Jurists (ICJ), Geneva.

本書は、2012年に国連人権高等弁務官事務所が発行した
『BORN FREE AND EQUAL−Sexual Orientation and Gender Identity in International Human Rights Law』
の非公式翻訳版として翻訳・出版したものであり、その責任は合同出版が負う。

もくじ

■訳文中の国連文書は下記を参考とした

・『解説条約集 ２００６』編修代表 広部和也・杉原高嶺（三省堂、２００６年）

・日本弁護士連合会「国際人権ライブラリー 国際人権文書（条約及び基準規則等）」
http://www.nichibenren.or.jp/activity/international/library/human_rights.html

・内閣府男女共同参画局「女子に対するあらゆる形態の差別の撤廃に関する条約（CEDAW）」
http://www.gender.go.jp/international/int_kaigi/int_teppai/

・ミネソタ大学人権図書館
http://www1.umn.edu/humanrts/japanese/Jindex.html

・ＡＲＣ 平野裕二の子どもの権利・国際情報サイト
http://www26.atwiki.jp/childrights/

■訳文中の注は下記のように記した

・＊は、訳者注。

・＊１などは、原文注。

はしがき

レズビアン、ゲイ、バイセクシュアル、トランスジェンダー［英語の頭文字からＬＧＢＴと表記される］の人々に、すべての人々に与えられている権利を認めることは、過激なことでも、困難なことでもありません。

ＬＧＢＴの人々に権利を認めるというこの考え方は、国際人権法の土台になっている「平等」と「差別禁止」という２つの基本的原則に基づくものです。「世界人権宣言」のはじめの部分には、「すべての人間は、生れながらにして自由であり、かつ、尊厳と権利とについて平等である」と書かれています。

それにもかかわらず、同性愛に対する嫌悪は根深いものがあります。性的指向*や性別自認*を理由にした差別からの法的保護は不十分です。世界中のあらゆる地

＊性的指向：恋愛感情や性的関係、人生のパートナーなどとして、どのような性別の相手を対象とするかという方向性や関係性のこと。性的指向がもっぱら同性に向く場合の同性愛（ホモセクシュアル、ゲイ、レズビアン）、異性に向く場合の異性愛（ヘテロセクシュアル）、両性に向く場合あるいは相手の性別を問わない場合の両性愛（バイセクシュアル）や汎性愛（パンセクシュアル）、性的指向がどの性別にも向かない場合の無性愛（アセクシュアル、エーセクシュアル）などがある［訳者注］。

＊性別自認：自分の性別をどのようにとらえているかの意識。身体の性は男性だが女性の自認をもって生きるケース、身体の性は女性だが男性の自認をもって生きるケース、男女にとらわれない性別の意識をもって生きるケースなどがある。gender identity の訳語で、「性自認」「性同一性」が用いられることが多いが、訳者は gender を「性」とすることにためらいがあり、ふだんからこの語を用いていることから、本書でも同様にした［訳者注］。

域で、おおぜいのＬＧＢＴの人々が深刻な人権侵害を受けています。

ＬＧＢＴの人々は、働くとき、また学校や病院などで差別されたり、家族から暴力を受けたり、家から追い出されるなどの仕打ちを受けています。世界中で、暴行、性的暴力、拷問、殺害のような暴力にさらされています。世界の76カ国では、同性同士が合意のうえでカップルになるなどの関係をもつことが違法だとされています。このような差別的な法律がある国では、ＬＧＢＴの人々は逮捕され、裁判にかけられ、投獄される危険性があるのです。

ＬＧＢＴの人々に対する権利侵害の状況に対して、国連の人権機関は１９９０年代からくり返し、懸念を表明してきました。２０１１年には、人権理事会は、性的指向や性別自認を理由にした暴力や差別について「重大な懸念」を表明した決議を採択しました。決議の内容は、国家が人権条約を守っているかどうかを審査している機関や、人権理事会が任命した特別報告者や専門家がおこなった人権に関する調査報告に基づいたものでした。

ＬＧＢＴの人々に対する人権侵害をやめさせる国際的なとりくみが必要である

ことが、しだいに認識されつつあります。性的指向や性別自認を理由とした暴力や差別をなくすことは、重要な人権課題の1つです。

この本は、LGBTの人々に対して国家が果たすべき法的責任についてまとめたものです。国際的レベル、あるいは各国での議論の一助となることを願っています。

多くの困難がある一方で、希望の時代が近づいていることも感じます。問題の深刻さを自覚し、行動の必要性を認識する国家が増えつつあります。国家と市民社会の共同した努力によって、世界中の幾多のLGBTの人々に「平等」と「差別禁止」の原則が、現実となる日が来ることを信じています。

国連人権高等弁務官［2012年当時］

ナビ・ピレイ

まえがきにかえて

「性的指向」や「性別自認」という言葉が公式には語られなかった長い時代がありましたが、いまやジュネーブの人権理事会でも、レズビアン、ゲイ、バイセクシュアル、トランスジェンダーの人々の権利が議題になっています。国連における国家間の会合である人権理事会の関心は、各国の差別的法律や悪しき慣行の実態に向けられ、差別的状況を是正するために新たな法律や制度をつくることを国家の義務として国際法で位置づける作業を進めています。

２０１１年６月、人権理事会は、国連としては初めての「人権、性的指向、性別自認に関する決議17／19」を採択しました。わずかの差による採択でしたが、全地域の理事国から確かな支持を得ました。この決議によって、国連としては初

めての公式報告書が、国連人権高等弁務官事務所から公表されることになったのです。[＊1]

人権高等弁務官の報告書は、雇用、医療、教育における差別から、法律による不当な処罰、暴行や殺害に至るまで、性的指向や性別自認を理由とした組織的な暴力が世界の至る所で起こっていることを事実で示しています。また、この報告書は、レズビアン、ゲイ、バイセクシュアル、トランスジェンダー（ＬＧＢＴ）[＊2]の人々の人権の保護を各国が強化すべきだという提言を盛り込んでいます。この報告に基づき、２０１２年3月7日、国家間の公式会合としては初めて、人権理事会でパネルディスカッションが開かれました。

ナビ・ピレイ人権高等弁務官は、理事会の冒頭発言で、この報告書について説明し、各国に対して、性的指向や性別自認の相違による暴力や差別を根絶するとりくみを始めるように、国連の歴史に「新たな章」を刻む行動に参加してほしいと呼びかけました。潘基文事務総長は、ビデオメッセージを寄せ、ＬＧＢＴの人々に対する暴力や差別を「当事者にとっては重大な惨事であり、われわれが共

＊1　国連人権高等弁務官による報告書「性的指向及び性別自認に基づく差別的法律・慣習及び暴力的行為」（A/HRC/19/41）。

＊2　本書では、レズビアン、ゲイ、バイセクシュアル、トランスジェンダーという言葉、あるいは、それらの短縮形である「ＬＧＢＴ」を用いています。これらの言葉は国際的に使われていますが、文化によって、同性愛行動、アイデンティティ、関係性、男女に限定しない性別自認を表現する際に、異なる言葉（たとえば、ヒジュラ、メティ、ララ、スケサナ、モツォアレ、ミティ、クチュ、カウェイン、トランスベスティ、ムシェ、ファファフィン、ファカレティ、ハムジェンスガラ、ツースピリット）が使われています。本書では、インターセックスの人々（典型とは異なる性的特徴をもって生まれた人々）に対する差別についてもとりあげています。

有する良心のなかの汚点」であり、国際人権法に対する違反であると表明しました。

ＬＧＢＴやインターセックス＊の人々の人権を保護する国家の法的義務は、「世界人権宣言」や関連する国際人権条約のなかに、すでに定められています。性、性的指向、性別自認にかかわらず、すべての人は、生命に対する権利、安全やプライバシーに関する権利、拷問を受けたり、理由もなく逮捕されたり拘留されたりしない権利、差別されない権利、表現や結社・平和的集会の自由に関する権利をはじめ、国際人権法が保障する保護を受ける権利があります。

この本は、ＬＧＢＴの人々に関して国家に課せられた重要な義務、国連機関がこの課題について国際法をどのように適用してきたかを説明することを目的にしています。過去18年間にわたり、国連の人権条約機関や特別手続において、ＬＧＢＴの人々に対する人権侵害の事実が記録され、国際人権法に関する各国の順守状況がチェックされてきました。この記録は性的指向や性別自認を理由に、人々が人権侵害の標的にされてきた証拠であり、この証拠を精査することで、各国に

＊インターセックス：性分化にかかわる染色体やそれによる外性器や内性器の発達が、多くの人のあり方と異なる状態や、そのような状態の人［訳者注］。

期待される基本的人権に関する義務・対応も明らかになってきました。

この本は、これまでに明らかになった事実や、国家が果たすべき対応を取る上で必要なポイントを示しています。この本が、人権を擁護する活動をしている人々や権利の主体である当事者が、国際人権法に違反する事態が起こった際、国家の責任を求める活動に役立つことを期待しています。

この本は、５つの章で構成されています。各章で、差別や暴力の事例をとりあげ、これに対する国家の義務や関連する国際人権法、人権条約機関や特別報告者の見解を紹介しています。これらの見解と差別や暴力の事例を照らし合わせることで、各地域で起こっている問題をより広い視点でとらえることができると思います。各章の最後で、国家に対する提言をおこなっています。

性的指向や性別自認を理由とした差別や暴力から保護するために、ＬＧＢＴの人々に新たな権利や特別な権利を用意しようというわけではありません。むしろ、今ある権利を享受できるように、差別の禁止を徹底して実現することが必要なのです。性的指向や性別自認を理由とした差別の禁止は、国際人権法にかぎった話ではありません。多くの国の裁判所が、性的指向や性別自認を理由にした差別は、国内の憲法の規定や国際法に違反するものであると判断しています。性的指向や性別自認を理由にした差別の問題は、とりわけ、地域的人権機構である米州人権機構や欧州評議会でとりあげられています。

ひとつの行為や不作為によって、さまざまな権利が同時に侵害されます。その点からこの本は、権利ごとではなく、問題ごとにテーマを設定しています。国連の人権機関や特別報告者の報告や見解を中心に編集したため、実際に人々が苦しんでいる事例やそれに関連する特定の権利については、かぎられた範囲でしか言及できていません。

この本がとりあげた５つのテーマは、ＬＧＢＴに関する国連の人権問題の枠組みのなかでもっともよくとりあげられてきたテーマです。この５つのテーマ以外にも、とりあげられるべき重要な課題があることは確かです。

しかし、差別禁止の原則はどの課題にも共通することであり、国家に課せられた義務が早急に果たされなければならないものです。一言で言えば、人が権利を享受する際に、性的指向や性別自認を理由に差別されることがあってはならないのです。人権高等弁務官が言うように、「普遍性の原則に例外はない。人権は、本当に、生れながらにすべての人間に認められるもの」なのです。[*3]

5つのテーマと提言

①同性愛に対する嫌悪、トランスジェンダーに対する嫌悪に基づく暴力から人々を守ること――ヘイトクライム［憎悪犯罪］を規制する法律に、性的指向や性別自認を事由とするものも盛り込む。憎悪が動機となっている暴力事件を記録し、報告する実効的システムを確立する。その種の暴力事件に対して効果的な調査や加害者の起訴をおこない、被害者の救済を確実にする。難民に関する法律や政策では、難民申請の理由に個人の性的指向や性別自認による迫害を追加する。

②収容施設でのＬＧＢＴの人々への拷問や非人道的あるいは人格を傷つけるよ

＊３　第63会期国連総会（２００８年12月18日　ニューヨーク）でのナビ・ピレイ前国連人権高等弁務官の発言。

うな処遇を禁止し、それらの行為を処罰の対象とすることで発生を抑制し、被害者に対する救済策を設けること――国家機関によるあらゆる不適切な処遇について調査をおこない、関係者を処分する。法執行官を対象にした適切な研修を実施し、収容施設に効果的な監視システムを導入する。

③私的空間における成人同性間の合意に基づく性的行為を禁止する法律をはじめ、同性愛を違法とする法律を廃止すること――性的指向や性別自認を理由として個人が逮捕・拘留されたり、性的指向を判定するという理由で何ら根拠のない身体検査で人格を傷つける処置を廃止する。

④性的指向や性別自認を理由とした差別を禁止すること――性的指向や性別自認を理由とした差別を禁止する包括的な法律を制定する。とくに、雇用や医療をはじめとする基本的社会サービスに関する差別禁止を確実に実施する。ＬＧＢＴやインターセックスの人々に対する差別や偏見を解消するための教育や研修を実

施する。

⑤ＬＧＢＴやインターセックスの人々の表現・結社・平和的集会の自由を保障すること――これらの権利を制限する場合は、国際法が許容する範囲にかぎるものとし、差別的であってはならない。私人による暴力や脅迫から、表現・結社・集会の自由に関する権利を行使しようとする人を保護する。

LGBTの人々の人権の保護に関して国家には5つの法的義務がある。*

*本書の第1章から第5章にあたる〔訳者注〕。

第1章

同性愛に対する嫌悪、トランスジェンダーに対する嫌悪に基づく暴力からLGBTの人々を守る

ＬＧＢＴの人々に対する憎悪による暴力の加害者は、多くの場合、個人や私的団体、原理主義団体などです。このような暴力について調査し、処罰するのは国家の義務です。それを果たさないのは、「世界人権宣言」（第３条）、「自由権規約」（市民的及び政治的権利に関する国際規約）（第６条・第９条）が保障する「生命、自由、身体の安全」に対するすべての人の権利を保護する義務に違反します。

世界人権宣言

第３条：すべて人は、生命、自由及び身体の安全に対する権利を有する。

自由権規約

第６条：すべての人間は、生命に対する固有の権利を有する。この権利は、法律によって保護される。何人も、恣意的にその生命を奪われない。

第９条：すべての者は、身体の自由及び安全についての権利を有する。

難民の地位に関する条約

第33条（1）：締約国は、難民を、いかなる方法によっても、人種、宗教、国籍若しくは特定の社会的集団の構成員であること又は政治的意見のためにその生命又は自由が脅威にさらされるおそれのある領域の国境へ追放し又は送還してはならない。

国連の立場

LGBTの人々は、個人や私的団体による暴力の標的にされる危険性があります。同性愛に対する嫌悪、トランスジェンダーに対する嫌悪による暴力は、世界のあらゆる地域で起きています。暴力は、身体的である場合（殺人、暴行、誘拐、強かん、性的暴力を含む）もあれば、心理的である場合（脅迫、強制、自由の剥奪を含む）もあります。*4 これらの暴力は、性別規範を無視したと思われた人々を罰するという動機によっておこなわれる、性別に基づく暴力のひとつです。

＊4　女性に対する暴力の根絶に関する宣言第2条は、女性に対する暴力には、家庭やコミュニティにおける暴力、国家によっておこなわれたあるいは見過ごされた身体的、性的、心理的暴力を含む、としています。

標的殺害

国家には、生命を守るに当たり、被害者が性的指向や性別自認を理由に標的とされた場合を含めて、個人や私的団体による自由の剥奪を相当の注意をもって防止し、加害者を処罰し、被害者を救済する義務があります。[*5] 国家には、国際法上、超法規的な処刑を防止し、そのような事件が発生した場合には調査し、加害者を処罰する義務があります。

国連総会は、これまでの複数の決議のなかで、国家に対し「管轄圏［国家の国内法が及ぶ範囲のこと］において、すべての人の生命に対する権利の保障を確実にすること」、そして、被害者の性的指向を動機とするものを含むすべての殺人に対して迅速かつ徹底的に調査をおこなうことを求めています。[*6] これについて、国家が相当の注意を果たさないことは、国際法上の国家の義務を果たさないこと［義務違反］になります。

性的指向や性別自認を理由とした殺人の事例が、人権条約機関や特別手続の報

＊5　自由権規約委員会の一般見解第6号（生命に対する権利について）および第31号（規約締約国の一般的法的義務の性質について）パラグラフ8。

＊6　総会決議57／214（2002年12月18日）パラグラフ6、決議61／173（2006年12月16日）パラグラフ5(b)、決議65／208（2010年12月21日）パラグラフ6(b)。

告にあります。[7] たとえば、自由権規約委員会は、エルサルバドルの例をあげて次のような報告をしています。

> 委員会は、性的指向を理由とした暴力や殺人（第９条）などの違法行為についてほとんど捜査がおこなわれていない状況に懸念を表明し（中略）締約国は、性的指向を理由とした暴力や差別からの実効的保護を提供しなければなりません。[8]

１９９９年以降、「超法規的・即決・恣意的な処刑に関する国連特別報告者」は、性的指向や性別自認を理由とした殺害予告や殺人について、たびたび発言してきました。[9] 多くの事件で、トランスジェンダーの人々が被害者になっているからです。[10] ２００６年に人権理事会に提出された報告書では、次のように述べられています。

＊7　**ＬＧＢＴの人々に対する超法規的殺害に触れた文書**：自由権規約委員会によるポーランドに関する総括所見（CCPR/CO/82/POL）パラグラフ18、エルサルバドルに関する総括所見（CCPR/CO/78/SLV）パラグラフ16、超法規的・即決・恣意的な処刑に関する国連特別報告者によるメキシコに関する報告書（E/CN.4/2000/3/Add.3）パラグラフ91～92、女性に対する暴力に関する国連特別報告者によるエルサルバドルに関する報告書（A/HRC/17/26/Add.2）パラグラフ28、人権擁護家に関する国連特別報告者によるコロンビアに関する報告書（A/HRC/13/22/Add.3）パラグラフ50、超法規的・即決・恣意的な処刑に関する国連特別報告者による報告書（A/HRC/14/24/Add.2）パラグラフ74、南アフリカに関する女性差別撤廃委員会総括所見（CEDAW/C/ZAF/CO/4）パラグラフ39。

＊8　エルサルバドルに関する自由権規約委員会総括所見（CCPR/CO/78/SLV）パラグラフ16。

＊9　超法規的・即決・恣意的な処刑に関する国連特別報告者による報告書：E/CN.4/1999/39 パラグラフ76、E/CN.4/1999/39 パラグラフ76、E/CN.4/2000/3 パラグラフ54、E/CN.4/2001/9 パラグラフ48、E/CN.4/2002/74 パラグラフ62、A/57/138 パラグラフ38、E/CN.4/2003/3 パラグラフ66、A/59/319 パラグラフ60、A/HRC/4/20 および Add.1、A/HRC/4/29/Add.2、A/HRC/11/2/Add.7、A/HRC/14/24/Add.2、A/HRC/17/28/Add.1

過去、とくに論議になったテーマは、ＬＧＢＴの人々の状況をめぐってでした。私［国連特別報告者］のところへ寄せられた情報から判断しても、特別報告者のマンデートに照らして、これ以上に論議の必要がないテーマを想像することは難しいと考えています。

私は、以下の２つの理由から、ＬＧＢＴの人々に関心をもっています。１つめは、性的アイデンティティを理由に、国家によって殺害された人々が多数いて、その加害者が処罰されていないことです。事実、起訴さえされない事件があります。単に同性愛者であるという理由で、殺されたのです。

２つめは、それとは逆に、加害者ではなく被害者が処罰されている事態が起きていることです。個人的な生活で双方の合意に基づいた行為が、きびしく起訴されています。私のところへも、死刑判決を受けたという人々からの通報が続々と届いています。それも石打の刑を言い渡されています。

この２つの事柄は、人権規範が根本的に否定されていることを意味しています。これらの習わしは、論議のテーマではなく、深い憂慮の対象であっ

参照。

＊10 **トランスジェンダーの人々の殺害に触れた文書**：超法規的・即決・恣意的な処刑に関する国連特別報告者による報告書（E/CN.4/2000/3）パラグラフ54（ブラジルにおける「トランスベスタイトのセックスワーカー」）、E/CN.4/2001/9 パラグラフ49（エルサルバドルでトランスベスタイトが撃たれて死亡）、E/CN.4/2003/3/Add.2 パラグラフ68（聖ペドロ・スラ大聖堂裏でトランスセクシュアルのセックスワーカーが殺害されたとの報道）、E/CN.4/2003/3 パラグラフ66（ベネズエラでトランスセクシュアル３人が殺害されながら、当局が捜査をおこなわなかった）。

◆憎悪によってトランスジェンダーの人々が殺害されている事件を記録しているプロジェクトのキャンペーンポスター。「2016 年 1 月から 3 月 10 日までで 77 件　1 日 1 人以上が殺害されている」と深刻な状況を訴えている。
（Trans Murder Monitoring project〔2016〕"Transrespect versus Transphobia Worldwide".）

て然るべきです。[*11]

２００７年、「超法規的・即決・恣意的処刑に関する特別報告者」はグアテマラを訪問調査した際の報告書のなかで、次のように書いています。

> 国家機関の関係者がどの程度関与しているかにかかわらず、グアテマラ政府が、ゲイ、レズビアン、トランスジェンダー、トランスセクシュアルの人々が大勢殺害されていることに対して、国際人権法上の責任を負うことは明らかです。（中略）ゲイ、レズビアン、トランスジェンダー、トランスセクシュアルの人々に対する憎悪を動機とした殺人が免罪されています。信頼できる情報として、１９９５年から２００６年までの間に、少なくとも35件の殺人が起こっています。公式な統計がないことや、被害者家族が沈黙せざるを得ない状況から、この被害者数は氷山の一角だと考えています。[*12]

＊11　特別報告者による人権理事会での口頭報告 E/CN.4/2006/53（２００６年９月19日）。www.un.org/webcast/unhrc/archive.asp?go=060919 で視聴可能（２０１２年6月1日アクセス）。

＊12　超法規的・即決・恣意的な処刑に関する国連特別報告者によるグアテマラに関する報告書（A/HRC/4/20/Add.2）パラグラフ12および32。

特別報告者は、さらに次のように書いています。

　セクシュアルマイノリティの人々の安全と生命に対する権利を保障するように、政府があらためて努力することを要請します。殺人や殺害予告に対しては、被害者の性的指向にかかわらず、迅速かつ徹底的に調査がおこなわれるべきです。

　同性愛者に対する憎悪や偏見を克服できるような政策やプログラムの実施、セクシュアルマイノリティの人々をターゲットにした犯罪や暴力行為に対して公務員や一般市民の意識啓発にとりくむべきです。

　性的指向に関する違法行為をなくすことは、セクシュアルマイノリティの人々に対する社会的偏見を克服することにつながり、ひいては、セクシュアルマイノリティの人々の人権が侵されても処罰されないという状態を改善することにもつながります。*13

＊13　超法規的・即決・恣意的な処刑に関する国連特別報告者による報告書（E/CN.4/2000/3）パラグラフ１１６。

LGBTの人々は、いわゆる「名誉」殺人の被害者になることがあります。これは、同性間の性行為があったり、あったとみなされることで、家族や地域の人々が殺人に及ぶものです。性別に関する社会的規範を逸脱して家族［一族］に恥をかかせ、不名誉をもたらしたと考えられるのです。

名誉殺人の被害者の多くは女性ですが、いかなる性的指向の人でも被害の対象となるおそれがあります。[＊14]

殺人以外の暴力

LGBTの人々は、殺人の標的にされること以外にも、私人によってさまざまな暴力を受けることが多いのです。[＊15] レズビアンに対する襲撃事件、強かん事件、強制妊娠など、性的指向を理由にした私的な処罰が多くの地域で報告されています。[＊16]

女性差別撤廃委員会は、性的指向を理由とした女性に対する性的暴力について、重大な懸念を表明しています。[＊17]「女性に対する暴力に関する特別報告者」は、エルサルバドルやキルギスタン、南アフリカにおけるレズビアンやバイセクシュ

＊14　女性に対する暴力に関する国連事務総長による報告書（A/61/122/Add.1）パラグラフ124、女性に対する暴力に関する国連特別報告者による報告書：E/CN.4/2002/83 パラグラフ27～28およびA/HRC/4/34/Add.2 パラグラフ19およびA/HRC/4/34/Add.3 パラグラフ34。

＊15　女性に対する暴力に関する国連特別報告者によるキルギスタンに関する報告書：A/HRC/14/22/Add.2 パラグラフ37～38（多くのレズビアン、バイセクシュアル、トランスジェンダーの人々が強かんや家族による暴力を含む暴力に遭っていることを説明）。

＊16　A/HRC/17/26 パラグラフ40、A/HRC/14/22/Add.2 パラグラフ23、A/HRC/17/26/Add.1 パラグラフ204～213、E/CN.4/2002/83 パラグラフ102、A/HRC/4/34/Add.3 パラグラフ34およびロシアに関する女性差別撤廃委員会総括所見（C/USR/CO/7）パラグラフ40～41参照。

＊17　南アフリカに関する総括所見（CEDAW/C/ZAF/CO/4）パラグラフ39～40参照。

アル、トランスジェンダーの女性を標的とした集団強かん、家族による暴力、殺害といった事件を報告しています。*18 そのなかで特別報告者は、「レズビアンの女性は、『男性に強かんされれば性的指向が変わる』という根深い偏見や神話のせいで、暴力の被害、とりわけ強かんの被害に遭うリスクが高い」と書いています。*19

女性差別撤廃委員会は、南アフリカ政府を審査した際の総括所見のなかで次のように述べています。

> 本委員会は、性的指向を理由とした暴力や殺害の報告について重大な懸念を表明します。レズビアンに対するいわゆる「矯正的強かん」の慣行についても深刻な懸念を表明します。*20

公権力による差別が、超法規的殺人のような暴力行為を正当化し、加害者が処罰されない雰囲気を助長しています。

*18　A/HRC/14/22/Add.2 パラグラフ37～38および A/HRC/17/26/Add.2 パラグラフ28～29参照。

*19　A/HRC/4/34/Add.1 パラグラフ632～633。女性差別撤廃委員会も女性に対する暴力に関する国連特別報告者も、女性同性愛者を「治す」ことを意図して男性がおこなういわゆる「治療的」「矯正的」強かんに言及している。たとえば、南アフリカに関する総括所見（CEDAW/C/ZAF/CO/4）パラグラフ39、国連特別報告者によるキルギスタンに関する報告書（A/HRC/14/22/Add.2）パラグラフ38参照。

*20　南アフリカに関する女性差別撤廃委員会総括所見（CEDAW/C/ZAF/CO/4）パラグラフ39～40。

「健康に関する特別報告者」は、「国家による処罰は、すでに存在する偏見を強め、地域の特定の人々に対する暴力や警察官による蛮行を正当化する」[*21]と述べています。

自由権規約委員会は、トーゴ政府を審査した際の総括所見のなかで、同性の成人間の合意に基づく性的行為を合法化するよう提言しています。さらに、締約国に対して次のような勧告をしています。

同性愛に対する偏見や社会的烙印［スティグマ、否定的なレッテル］を解消するよう、必要な対策を講じること。それによって、性的指向を理由としたいかなる形の嫌がらせや差別、暴力も許さないという明確なメッセージを発信する必要があります。[*22]

国家には、同性愛に対する嫌悪［同性愛フォビア］やトランスジェンダー嫌悪［トランスジェンダーフォビア］による暴力を規制するヘイトクライム法も含め

＊21　到達可能な最高水準の身体および精神の健康を享受するすべての人の権利に関する国連特別報告者による報告書（A/HRC/14/20）パラグラフ20。

＊22　トーゴに関する自由権規約委員会総括所見（CCPR/C/TGO/CO/4）パラグラフ14。

◆「LGBTIQ への暴力根絶を」と訴えるフィリピンの活動家ギン・クリストバルさん。台湾でのパレードで。
（2015 年 10 月、台北、提供：Anticha Sangchai）

て、私人による差別を禁止する法律を整備する義務があります。*23

自由権規約委員会は、同性愛者に対する暴力をあおる歌がジャマイカで歌われているという報告を受けました。これについて委員会は、締約国は「同性愛者に対する暴力をあおる者について捜査をおこない、起訴や適切な処罰を確実にすべきである」と述べています。*24 また、ポーランドの現状について、「ＬＧＢＴの人々に対するヘイトスピーチや不寛容な言動が顕著に増えていることに大きな懸念がある」としたうえで、次のように提言しています。

> 締約国は、性的指向や性別自認を理由とするすべての襲撃や脅迫について徹底的に調査をおこなうべきです。また、（中略）性的指向や性別自認を理由とするヘイトスピーチやヘイトクライムを処罰対象とすることを明確にした刑法に改正するべきです。そして、警察官や一般市民に向けて広く意識啓発を強化するべきです。*25

＊23　**ヘイトクライム法の制定に触れた文書**：自由権規約委員会によるアメリカ合衆国に関する総括所見（CCPR/C/USA/CO/3）パラグラフ25、ウズベキスタンに関する総括所見（CCPR/C/UZB/CO/3）パラグラフ22。拷問禁止委員会によるポーランドに関する総括所見（CAT/C/POL/CO/4）パラグラフ19、モンゴルに関する総括所見（CAT/C/MNG/CO/1）パラグラフ25、モルドバに関する総括所見（CAT/C/MDA/CO/2）パラグラフ27。女性に対する暴力に関する国連特別報告者によるキルギスタンに関する報告書（A/HRC/14/22/Add.2）パラグラフ92、女性に対する暴力に関する国連特別報告者によるエルサルバドルに関する報告書（A/HRC/17/26）パラグラフ28〜29および77、移住者の人権に関する国連特別報告者による南アフリカに関する報告書（A/HRC/17/33/Add.4）パラグラフ77(a)（「人種、国籍、宗教、民族、性的指向、性別自認を理由とした個人あるいは財産に対するあらゆる暴力行為を（ヘイトクライムとし）刑罰を加重すること」）。

＊24　ジャマイカに関する自由権規約委員会総括所見（CCPR/C/JAM/CO/3）パラグラフ8。

＊25　ポーランドに関する自由権規約委員会総括所見（CCPR/C/POL/CO/6）パラグラフ8。

自由権規約委員会は、モンゴルについても同様の見解を表明しています。そのうえで、締約国は「ＬＧＢＴの人々が司法を利用できるようにし、また性的指向や性別自認を理由とするあらゆる攻撃や脅迫行為についての徹底的な調査を確実にするべき」と述べています。[*26]

難民申請

国家は、性的指向や性別自認のために迫害を受けて逃れる人々を、安全に保護する義務があります。

「難民条約」（難民の地位に関する条約）の第33条は締約国に対して、人種や宗教、国籍や特定の社会的集団の構成員であること、または政治的意見のために、難民を生命や自由が脅かされるおそれのある場所に追放したり、送還してはならないと定めています。

国連難民高等弁務官は、性的指向や性別自認を理由に迫害されるおそれのある人々は、「特定の社会的集団」の一員とみなされると述べています。「難民条約」

＊26　自由権規約委員会によるモンゴルに関する総括所見（CCPR/C/MNG/CO/5）パラグラフ9、メキシコに関する総括所見（CCPR/C/MEX/CO/5）パラグラフ21。

の締約国は、生命や自由が脅かされる国にそのような人々を送還することは許されませんし、難民の地位の要件を満たすものとして、条約の規定に基づいて難民としてきちんと認めなければいけません。[*27]

国連難民高等弁務官は、少なくとも42の国で、性的指向や性別自認を理由とした迫害のおそれのある個人を難民として認定していると推計しています。しかし、正確な数字は明らかではありません。性的指向や性別自認を理由とした迫害についての明確な政策がない場合でも、難民として認定している国もあれば、難民の地位や亡命を認めた理由を把握していないという国もあります。性的指向や性別自認を理由とした亡命を認めている国であっても、認定や手続きが国際水準に達していない場合も少なくありません。申請審査が、恣意的で一貫性を欠くこともあります。担当する役人が、ＬＧＢＴの人々が直面している状況についての知識や危機感をほとんどもち合わせていないこともあります。[*28] 難民になった人々は、収容施設や定住までの過程で暴力や差別の対象になりやすいのですが、ＬＧＢＴの人々は性的指向や性別自認が原因で、二重のリスクにさらされる生活を余

＊27　国連難民高等弁務官事務所による「性的指向及び性別自認に関連する難民申請に関する手引き」（脚注1参照）パラグラフ3、「内務相対パトリック・クワメ・オチェレ」事件（１９８８年）参照。

＊28　国連難民高等弁務官事務所による難民申請に関する手引きパラグラフ37および41。

◆イラン出身のセクシュアルマイノリティ難民の支援団体・IRQR 代表で、イラン出身の活動家アーシャム・パルシさん（中央）。カナダのパレードで。
（2011 年7月、トロント、提供：Arsham Parsi）

儀なくされることもあります。

迫害を逃れてきた難民申請者を送還・追放することは、それらの人々を暴力・差別・処罰のリスクにさらすものです。「帰国しておとなしくしていろ」という指導の末に難民申請者が送還されるケースがありますが、難民高等弁務官はこのようなやり方を批判しています。[*29]

各国に対する提言

国際法の下で保障された人々の生命と安全に関する権利を尊重・保護し、実現するためには、国家は、性的指向や性別自認を理由とした超法規的処罰の実態を調査し、起訴したうえで、加害者を処罰しなければなりません。そして、それらを理由とした暴力から人々を保護するヘイトクライム法を整備する必要があります。憎悪［フォビア］を動機とした暴力行為を記録・報告する実効的なシステムの確立が不可欠です。難民に関する法律や政策では、その人の性的指向や性別自認を理由にした迫害を難民申請の有効な事由として認めるべきです。

＊29　前掲パラグラフ25、26、41。「HJ（イラン）およびHT（カメルーン）対内務省（2010年 UKSC31）」事件のイギリス最高裁判所判決も参照。

第2章

ＬＧＢＴの人々に対する
拷問や残虐な行為、
非人道的・品位を傷つける取扱いを防ぐ

国際法上、国家には拷問や残虐な行為、非人道的・品位を傷つける取扱いから個人を保護する義務があります。そのなかには拷問やその他の残虐行為を防止し、そのような不正な行為を禁止する義務が含まれています。拷問の加害者を調査しなかったり、処罰しないということ自体が国際人権法に抵触します。たとえば、強制的肛門検査は、拷問や残虐・非人道的・不当な取扱いの禁止に違反するものです。

拷問や残虐行為などから保護される権利は、「世界人権宣言」第5条、「自由権規約」第7条、「拷問等禁止条約」第2条に定められています。

世界人権宣言

第5条：何人も、拷問や、残虐ないし非人道的ないし屈辱的な取扱いもしくは刑罰を受けることはない。

自由権規約

第7条：何人も、拷問または残虐な、非人道的もしくは品位を傷つける取扱いもしくは刑罰を受けない。特に、何人も、その自由な同意なしに医学的または科学的実験を受けない。

拷問等禁止条約

第1条（1）：この条約の適用上、「拷問」とは、身体的なものであるか精神的なものであるかを問わず人に重い苦痛を故意に与える行為であって、本人もしくは第三者から情報もしくは自白を得ること、本人もしくは第三者が行ったかもしくはその疑いがある行為について本人を罰すること、本人もしくは第三者を脅迫しもしくは強要することその他これらに類することを目的としてまたは何らかの差別に基づく理由によって、かつ、公務員その他の公的資格で行動する者によりまたはその扇動によりもしくはその同意もしくは黙認のもとに行われるものをいう。「拷問」には、合法的な制裁のかぎりで苦痛が生じることまたは合法的な制裁に固有のもしくは付随する苦痛を与えることを含まない。

第2条（1）：締約国は、自国の管轄下にある領域内において拷問に当たる行為が行われることを防止するため、立法上、行政上、司法上その他の効果的な措置をとる。

国連の立場

拷問禁止委員会、「拷問に関する特別報告者」、その他の人権機関やメカニズムは、警察官や刑務所職員、その他の法執行官によるＬＧＢＴの人々に対する暴力や不当な扱いについて多くの事件を記録してきました。[*30]

拷問禁止委員会は、「社会的に決められた性別役割に実際に従わなかったり、あるいは従っていないと見なされたことを理由に、男性でも女性でも、少年でも少女でも本条約に定められた権利を侵害されることがある」[*31]と警鐘を鳴らしています。

「女性に対する暴力に関する特別報告者」は、ネパールで警察官がメティ[*32]の女

＊30　アメリカ合衆国に関する自由権規約委員会総括所見（CCPR/C/USA/CO/3）パラグラフ25。拷問禁止委員会によるアメリカ合衆国に関する総括所見（CAT/C/USA/CO/2）パラグラフ32および37、エクアドルに関する総括所見（CAT/C/ECU/CO/3）パラグラフ17、アルゼンチンに関する総括所見（CAT/C/CR/33/1）パラグラフ6(g)、エジプトに関する総括所見（CAT/C/CR/29/4）パラグラフ5(e)。拷問禁止委員会一般見解第2号パラグラフ21。同委員会によるエクアドルに関する総括所見（CAT/C/ECU/CO/3）パラグラフ17、アルゼンチンに関する総括所見（CAT/C/CR/33/1）パラグラフ6、ブラジルに関する総括所見（A/56/44）パラグラフ119も参照。

＊31　拷問禁止委員会一般見解第2号パラグラフ22。

＊32　「メティ」は、ネパールで使われていることば。生まれつきの身体の性が男性で、性別自認や性別表現が女性の人を指す。

性を暴行し、金品とセックスを強要した事件を報告しています。[＊33]エルサルバドルでは、トランスジェンダーの女性が刑務所でギャングと同じ雑居房に収監され、「１００回以上にわたり強かんされ、ときには刑務所職員が共犯した」[＊34]ことが記録されています。

「拷問に関する特別報告者」は、性的指向や性別自認を理由に刑務所などの収容施設で、不適切な処遇がされていると指摘しています。[＊35]２００１年の報告には、次のような記述があります。

セクシュアルマイノリティの人々は、社会的に決められた性別に従わないという理由から、不相応に拷問や他の不当な扱いを受けています。被害者は、性的指向や性別自認による差別によって非人間化され、拷問や不当な行為がより起こりやすい状況が生まれています。[＊36]

特別報告者は、とくにトランスジェンダー［身体の性とは異なる性別自認を

＊33　女性に対する暴力に関する国連特別報告者による報告書：E/CN.4/2006/61/Add.1パラグラフ１および２、A/HRC/4/34/Add.1パラグラフ４４８～４５４。

＊34　女性に対する暴力に関する国連特別報告者による報告書（A/HRC/17/26/Add.2）パラグラフ28～29。

＊35　拷問その他の残虐または非人道的あるいは品位を傷つける取扱い・刑罰に関する国連特別報告者による報告書：E/CN.4/2001/66/Add.2パラグラフ１９９、E/CN.4/2005/62/Add.1パラグラフ１０１９および１１６１、E/CN.4/2004/56/Add.1パラグラフ１３２７、E/CN.4/2003/68/Add.1パラグラフ４４６および４６３～４６５および１８６１、E/CN.4/2002/76/Add.1パラグラフ16および５０７～５０８および８２９および１７０９～１７１６、E/CN.4/2001/66パラグラフ１１７１、E/CN.4/2000/9パラグラフ１４５および１５１および７２６、E/CN.4/1995/34パラグラフ６１４。

＊36　拷問その他の残虐または非人道的あるいは品位を傷つける取扱い・刑罰に関する国連特別報告者による中間報告書（A/56/156）パラグラフ19。

もって生きる人」の服役者がほかの服役者と雑居房に入れられた場合、暴行、性的暴力にさらされやすいと強調しています。[*37] 報告されている事例には、次のようなものがあります。

トランスジェンダーの女性が「解毒」と称して胸や頬骨を暴行された。セクシュアルマイノリティの人が被害を通報したところ、かえって警察官から二次被害を受けた。刑務所職員が、収容されているＬＧＢＴの人々に対する身体的・性的暴力のリスクを減らすための効果的な対策を講じなかったなど。[*38]

ブラジルでは、レズビアンカップルが警察署で暴行に遭い、ののしられ、オーラルセックスを強要された事件が報告されています。[*39] ウズベキスタンでは、同性愛の罪で起訴された人権擁護家が、警察官に暴行され、強かんされる事件が起こっています。[*40]

国家には、「性的指向や性別自認にかかわらず、すべての人」を拷問や残虐・非人道的・不当な取扱い、または刑罰から保護する義務があります。[*41] 国際法においては、国家はあらゆる保護、監督のもと、拷問や不当な取扱いの禁止と防止に

＊37　前掲（A/56/156）パラグラフ23。
＊38　前掲（A/56/156）パラグラフ18、E/CN.4/2002/76/Add.1 パラグラフ16および１７１１。
＊39　E/CN.4/2001/66/Add.2 パラグラフ１９９。
＊40　E/CN.4/2004/56/Add.1 パラグラフ１８７８および１８９９。
＊41　拷問禁止委員会一般見解第２号パラグラフ21。

努め、救済の準備をする義務があります。[*42] 拷問や不当な取扱いの加害者を取り調べないことや処罰しないこと自体、国際法違反になります。[*43]

たとえば、拷問禁止委員会は、アメリカを審査した際の総括所見のなかで、「異なる性的指向」の人々に対する身体的・性的暴力行為について懸念を表明しました。そのうえで、締約国が確実にするべきことは、「法の執行者に対して迅速かつ徹底的な調査を独立しておこない、加害者を起訴し、適切に処罰することである」と勧告しています。[*44] 委員会は、コスタリカを審査した際の所見のなかで、「性的指向やトランスジェンダーであることを理由とした」暴力を防止するため、警察官や国境警備隊、刑務所職員を対象とする研修と意識啓発をおこなうよう勧告しました。[*45]

専門家が指摘しているもうひとつの問題は、同性愛を疑われた男性に対して同意なしに肛門を検査することが慣行としておこなわれていることです。同性愛を理由に逮捕された男性に対し、アナルセックスの物的証拠を得るという目的で、医療的検査を強制している国があります。このような検査は、科学的に無意味で

＊42　拷問禁止委員会一般見解第2号パラグラフ15。
＊43　自由権規約委員会一般見解第31号パラグラフ18。
＊44　アメリカ合衆国に関する拷問禁止委員会総括所見（CAT/C/USA/CO/2）パラグラフ32および37。
＊45　コスタリカに関する拷問禁止委員会総括所見（CAT/C/CRI/CO/2）パラグラフ11および18。

あるだけでなく、身体的不可侵性（インテグリティ）を侵害するものです。「恣意的拘留に関するワーキンググループ」は、次のような見解を公表しています。

強制的におこなわれる肛門検査は、その行為自体が本質的に侵犯的であり、人権法で認められている個人の身体的権利を侵すものです（中略）。われわれワーキンググループは、強制的な肛門検査は、拷問やほかの残虐・非人道的・不当な取扱いの禁止に違反する行為であると考えています。それは、処罰を目的にしたものであったり、自白を引き出す目的であったにしても、あるいは差別を目的にしたものであってもなくても、許されるものではありません。

あまつさえ、強制的な肛門検査は医学的に無意味なものです。その人が同性間の性的行為をしたかどうか、あるいは習慣的に肉欲に溺れたり、男性を相手に売春行為をしていたかどうかを肛門検査によっては判定できないのです。[*46]

＊46　恣意的拘束に関するワーキンググループ　エジプトに関する意見第25／2009号（A/HRC/16/47/Add.1）パラグラフ23および28〜29。

拷問禁止委員会と「拷問に関する特別報告者」は、同性愛を「証明」することを目的として強制的に肛門検査をおこなうことを非難しています。[*47]「拷問に関する特別報告者」は、この「人権を侵すような法医学的検査」は「人権を侵し、かつ品位を傷つけるもの」であり、「拷問あるいは不当な取扱いに相当する」として、締約国との協議のなかでこの慣行に異議を唱えています。[*48]

もうひとつの懸念は性的暴力です。人権に携わる国際機関（メカニズム）は、警察官や収容施設で多発するＬＧＢＴの人々に対する性的暴力の問題をくり返し報告してきました。[*49] 役人による指示や教唆、あるいは黙認によって、性的暴力が拷問として用いられることがあります。[*50]「拷問」の定義では、「いかなる差別」も禁止されています。ＬＧＢＴの人々に対する性的暴力の背景には、多くの場合、差別があるのです。

「女性に対する暴力に関する特別報告者」は、「性的暴力は、それだけが見られがちですが、多くの場合、人種、民族、宗教、性的アイデンティティ、社会的地位や障害などからくるその他の差別と関連していることが多い」と指摘していま

＊47　エジプトに関する拷問禁止委員会総括所見（CAT/C/CR/29/4）パラグラフ5～6。

＊48　拷問に関する国連特別報告者による報告書 A/56/156 パラグラフ 24、A/HRC/4/33/Add.1 パラグラフ３１７、A/HRC/10/44/Add.4 パラグラフ 61、A/HRC/16/52/Add.1。

＊49　**ＬＧＢＴに対する性的暴力に触れた文書**：CAT/C/USA/CO/2 パラグラフ32、拷問に関する国連特別報告者による報告書：E/CN.4/2003/68/Add.2 パラグラフ42、E/CN.4/2002/76 付則III、A/56/156 パラグラフ18および23。

＊50　拷問に関する国連特別報告者による報告書（A/HRC/7/3）パラグラフ34。

す。[＊51] そして、「性的指向や性別自認を理由に、多くの人々が差別や暴力を経験している」と強調し、次のように報告しています。

国際人権法上、とりわけ女性差別撤廃宣言と拷問や残虐・非人道的・不当な取扱い、また刑罰に関する条約において、国家は、拷問および女性に対する暴力を違法とし、加害者を起訴し、被害者を救済する環境を整える義務があります。国家はいかなる性的暴力に対してもその発生を予防し、被害者に司法的救済の手だてを提供するよう最大限の努力をつくさなければいけません。[＊52]

各国に対する提言

すべての人は、拷問や残虐・非人道的・不当な取扱いから保護されます。国家の役人による強制的な肛門検査や性的暴力は、これに相当します。

国際法上、国家は拷問や不当な取扱いを禁止するとともに、加害者を処罰し、

＊51　**性的暴力と複合差別に触れた文書**：女性に対する暴力に関する国連特別報告者（A/HRC/14/22/Add.1）パラグラフ17。

＊52　**性的暴力に関する国家の義務に触れた文書**：A/HRC/14/22/Add.1 パラグラフ19。

◆警察官向け研修でトランスジェンダーの人々の権利について講話する韓国の法学者イ・スンヒョンさん。
（2016 年５月、韓国、提供：Lee Seung-hyun）

被害者を救済しなければなりません。[*53] つまり、国家は、自国の刑法において拷問や不当な行為を犯罪行為として規定し、法の執行者や他の部署の役人によるあらゆる残虐な行為について迅速かつ徹底的な調査を独立して実施し、加害者を裁かなければなりません。国家は、被害者が、補償を含めて救済を請求できる手続きを用意するべきです。国家には、法の執行者を対象にした研修や収容施設の監視といった予防的措置を講じる義務もあります。

＊53　自由権規約委員会一般見解第20号、拷問禁止委員会一般見解第2号。

第3章

同性愛の違法化を廃止する

同性愛を罰する法律は、個別の権利を侵害するだけでなく、相互に関連し合った権利の総体を侵害する性格をもっています。

同性愛を罰する法律は、「世界人権宣言」第2条や他の国際人権条約に定められた個人の差別からの自由、そして「世界人権宣言」第9条・第12条と「自由権規約」第9条・第17条に定められた「私生活の不法な干渉および恣意的拘束から保護される権利」を侵害するものです。さらに、性的行為に対して死刑を科す法律は、「世界人権宣言」第3条と「自由権規約」第6条に定められた生命に対する権利を侵害するものです。そのような法律は、たとえ執行の事実がなかったとしても、その存在自体が国際人権法上の国家の義務に抵触するものです。

世界人権宣言

第2条：すべて人は、人種、皮膚の色、性、言語、宗教、政治的その他の意見、国民的もしくは社会的出身、財産、門地その他の地位、その他いかなる事由による差別をも受けることなく、この宣言に掲げるすべての権利と自由とを享有することができる。

第７条：すべての人は法の下に平等であり、また、いかなる差別もなしに法の平等な保護を受ける権利を有する。すべての人は、この宣言に違反するいかなる差別に対しても、また、そのような差別をそそのかすいかなる行為に対しても、平等な保護を受ける権利を有する。

第９条：何人も、ほしいままに逮捕、拘禁、または追放されることはない。

第12条：何人も、自己のプライバシー、家族、家庭もしくは通信に対してほしいままに干渉されてはならず、名誉および信用に対して攻撃を受けてはならない。

自由権規約

第２条（１）：この規約の各締約国は、その領域内にあり、かつ、その管轄の下にあるすべての個人に対し、人種、皮膚の色、性、言語、宗教、政治的意見その他の意見、国民的もしくは社会的出身、財産、出生またはその他の地位等によるいかなる差別もなしにこの規約において認められる権利を尊重しおよび確保することを約束する。

第6条（2）：死刑を廃止していない国においては、死刑は、犯罪が行われた時に効力を有しており、かつ、この規約の規定および集団殺害犯罪の防止および処罰に関する条約の規定に抵触しない法律により、最も重大な犯罪についてのみ科すことができる。この刑罰は、権限のある裁判所が言い渡した確定判決によってのみ執行することができる。

第9条：すべての者は、身体の自由および安全についての権利を有する。何人も、恣意的に逮捕されまたは拘留されない。何人も、法律で定める理由および手続によらないかぎり、その自由を奪われない。

第17条：何人も、その私生活、家族、住居もしくは通信に対して恣意的にもしくは不法に干渉されまたは名誉および信用を不法に攻撃されない。

第26条：すべての者は、法律の前に平等であり、いかなる差別もなしに法律による平等の保護を受ける権利を有する。このため、法律は、あらゆる差別を禁止しおよび人種、皮膚の色、性、言語、宗教、政治的意見その他の意見、国民的もしくは社会的出身、財産、出生または他の地位等のいかなる理由による差別に対しても平等のかつ効果的な保護をすべての者に保障する。

国連の立場

同性の成人間の合意に基づく関係性を罰する法律は、少なくとも世界の76の国にあります。[＊54] 多くは同性同士の特定の性的行為や親密な関係を禁止するものですが、「自然の摂理に反する犯罪」「道徳」「肉欲」などのような、曖昧模糊とした概念が盛り込まれているケースもあります。[＊55] それらの法律に共通しているのは、その人のセクシュアリティや性別自認に配慮することなく、同性愛者だと見なすと、その個人を抑圧したり、法的に処罰することを目的に適用されることです。[＊56]

同性の成人間の合意に基づく個人的な性的行為を違法とすることは、個人のプ

＊54　International Lesbian, Gay, Bisexual, Trans and Intersex Association（ＩＬＧＡ）（ブリュッセル）「国家によるホモフォビア：合意に基づく同性成人間の性的行為を違法とする法律に関する国際調査」（２０１１年5月）9ページ。

＊55　A/HRC/10/21/Add.3 パラグラフ56～58参照。

＊56　これらの法律は「社会浄化（social cleansing）」の目的で使われることもある。たとえば、E/CN.4/1995/111 パラグラフ49、E/CN.4/2005/7 パラグラフ71参照。

ライバシー保護や差別されない権利をはじめとする国際法上の国家の義務に違反します。１９９４年、自由権規約委員会がトゥーネン対オーストラリア事件［以下トゥーネン事件］について判定を下して以来、国連の人権に関する専門家の立場は一貫しています。

トゥーネン事件とは、同性の成人間の合意に基づく性的行為を違法とするオーストラリア・タスマニア州の法律について争ったものです。これに対して自由権規約委員会は、「市民的および政治的権利に関する国際規約」第17条に基づき、「『私生活』の概念が、同性の成人間の合意に基づく私的空間における性的行為を含むものであることは疑いない」と結論づけました。問題は、訴えの申立人であるトゥーネン氏が実際に起訴されたかどうかではなく、［タスマニア州の］刑法の規定が「申立人の私生活に継続的かつ直接的に干渉している」ということなのです[*57]。

第17条は、個人は私生活への「恣意的もしくは不法な干渉」から保護されると定めています。「規約の規定や狙い、または目的に一致している」、あるいは「特

＊57　自由権規約委員会「トゥーネン対オーストラリア」事件：No.488/1992、CCPR/C/50/D/488/1992（１９９４年４月４日）パラグラフ8．2。

定の状況においては合理性がある」という要件を満たしていないにもかかわらず、「恣意的な干渉」が法律で定められている場合があります。[*58] 委員会は、「合理性の要件は、私生活への干渉がいかなる事例においてもあくまで相当と認められ、かつ必要な場合にのみ認められることを含意している」という解釈を提示しました。[*59]

そのうえで委員会は最終的に、タスマニア州の法律は相当とも必要とも認められないと結論づけました。タスマニア州を除くオーストラリア国内で同性愛を違法とする法律が廃止され、タスマニア州でも実際には執行されていなかったことからわかるように、この法律は公衆衛生を守るという目的の点からも、公衆道徳を堅持するという点からも不必要なものでした。[*60]

トゥーネン事件以来、国連の人権条約機関は、国家に対して同性愛や同性間の性的行為を違法とする法律を改正するようくり返し勧告し、そのような法律が廃止されることを歓迎してきました。[*61] たとえば、自由権規約委員会は、チリの状況について次のように述べています。

＊58　自由権規約委員会一般見解第16号（私生活、家族、住居、通信に対する権利および名誉等の保護）。

＊59　トゥーネン対オーストラリア パラグラフ8．3。

＊60　前掲パラグラフ8．5および8．6。

＊61　自由権規約委員会によるトーゴに関する総括所見（CCPR/C/TGO/CO/4）パラグラフ14、ウズベキスタンに関する総括所見（CCPR/C/UZB/CO/3）パラグラフ22、グレナダに関する総括所見（CCPR/C/GRC/CO/1）パラグラフ21、タンザニアに関する総括所見（CCPR/C/TZA/CO/4）パラグラフ22、ボツワナに関する総括所見（CCPR/C/BWA/CO/1）パラグラフ22、セントビンセントおよびグレナディーン諸島に関する総括所見（CCPR/C/VCT/CO/2）、アルジェリアに関する総括所見（CCPR/C/DZA/CO/3）パラグラフ26、チリに関する総括所見（CCPR/C/CHL/CO/5）パラグラフ16、バルバドスに関する総括所見（CCPR/C/BRB/CO/3）パラグラフ13、アメリカ合衆国に関する総括所見（CCPR/C/USA/CO/3）パラグラフ9、ケニアに関する総括所見（CCPR/C/CO/83/KEN）パラグラフ27、エジプトに関する総括所見（CCPR/CO/76/EGY）パラグラフ19、ルーマニアに関する総括所見（CCPR/C/79/Add.111）パラグラフ16、レソトに関する総括所見（CCPR/C/79/Add.106）パラグラフ13、エクアドルに関する総括

成人間の合意に基づく同性愛関係を違法とすることは、「自由権規約」第17条が保障する私生活に対する権利を侵害するものであり、性的指向を理由とした差別的態度を強化しかねません。そのため、成人間のソドミーの罪［自然に反する性行動を犯した罪］を認めた法律は廃止すべく改正しなければなりません。*62

数年後、チリは、成人間の合意に基づく同性愛を違法とする法律を廃止し、委員会はこのことを歓迎しました。*63

自由権規約委員会は、カメルーンについても同様に、次のように述べています。

委員会は、成人同性間の合意に基づく性的行為が違法とされていることについて深い憂慮を表明します。（中略）本委員会とその他の人権メカニズムも強調しているように、この法律は、本規約が定める私生活に対する権

所見（CCPR/C/79/Add.92）パラグラフ8、キプロスに関する総括所見（CCPR/C/79/Add.88）パラグラフ11、アメリカ合衆国に関する総括所見（A/50/40）パラグラフ２８７。社会権規約委員会によるキルギスタンに関する総括所見（E/C.12/Add.49）パラグラフ17および30、キプロスに関する総括所見（E/C.12/1/Add.28）パラグラフ7。女性差別撤廃委員会によるウガンダに関する総括所見（CEDAW/C/UGA/CO/7）パラグラフ43～44、キルギスタンに関する総括所見（A/54/38）パラグラフ１２７および１２８。チリに関する子どもの権利委員会総括所見（CRC/C/CHL/CO/3）パラグラフ29。

*62　チリに関する自由権規約委員会総括所見（CCPR/C/79/Add.104）パラグラフ20。

*63　チリに関する自由権規約委員会総括所見（CCPR/C/CHL/CO/5）パラグラフ16。

利と差別からの自由を侵すものです。（中略）締約国は、［国内の］法律が規約に一致したものとなるよう、成人同性間の合意に基づく性的行為の違法化を廃止するよう迅速に方策を講じるべきです。[*64]

自由権規約委員会は、アメリカを審査した際、同性間の合意に基づく性的行為に対して刑罰を科す州があり、そこでは「私生活の深刻な侵害」があることと、そのような法律によって「他の人権を差別なく享受する」ことが侵害されている状況に懸念を示しました。[*65] その後、連邦最高裁判所は、ローレンス対テキサス事件に関して、同性間の合意に基づく性的行為に対して刑罰を科す法律を違憲と判断しますが、自由権規約委員会はこの判決を歓迎しました。[*66]

自由権規約委員会は、トゥーネン事件で示したように、問題の法律が実際には執行されていないとしても、個人の私生活と差別されない権利が侵害されたとみなしています。また委員会は、エチオピアを審査した際の最終見解のなかで、「締約国から、問題の規定は実際には執行されていないと報告がありましたが、

＊64　カメルーンに関する自由権規約委員会総括所見（CCPR/C/CMR/CO/4）パラグラフ12。
＊65　アメリカ合衆国に関する自由権規約委員会総括所見（A/50/40）パラグラフ２８７。
＊66　CCPR/C/USA/CO/3 パラグラフ9。

執行されていないからといって委員会の憂慮は変わりません」と述べています。[*67]

成人同性間の合意に基づく性的行為を違法とする法律を廃止した国のなかでも、同性間と異性間では性的関係に関して、異なる合意年齢を設定している国があります。若者が異性と性的関係をもつことは問題にならないのに、同性間の性的関係では年齢によって刑事罰の対象となることがあるのです。条約機関が指摘するように、同性か異性かで性的関係に異なる合意年齢を設定することは、性的指向による差別に当たります。[*68]

特別報告者と国連人権理事会のワーキンググループは、再三にわたって同性間の性的関係の違法化に関する注意喚起をしてきました。同性愛の違法化が偏見を正当化し、ヘイトクライムを助長し、警察による暴力や拷問、家族からの暴力を容認することを懸念しているためです。[*69]

たとえば、「超法規的・即決・恣意的処刑に関する特別報告者」は、「性的指向に関連した処罰」が社会的偏見を助長していると指摘しています。そうした処罰によって、「[同性愛の人々が]さらに暴力を受けやすくなり、殺害予告や生命に

＊67　エチオピアに関する自由権規約委員会総括所見（CCPR/C/ETH/CO/1）パラグラフ12。

＊68　異なる性的合意年齢に触れた文書：子どもの権利委員会によるチリに関する総括所見（CRC/C/CHL/CO/3）パラグラフ29、イギリス マン島に関する総括所見（CRC/C/15/Add.134）パラグラフ22、オーストリアに関する自由権規約委員会総括所見（CCPR/C/79/Add.103）パラグラフ13。

＊69　たとえば、人権擁護家に関する国連事務総長特別代表による報告書（E/CN.4/2002/16/Add.1）パラグラフ154、女性に対する暴力に関する国連特別報告者による報告書（E/CN.4/1999/68）パラグラフ15、拷問に関する国連特別報告者による報告書：C/CN.4/2002/76 および A/56/156 パラグラフ18〜25参照。

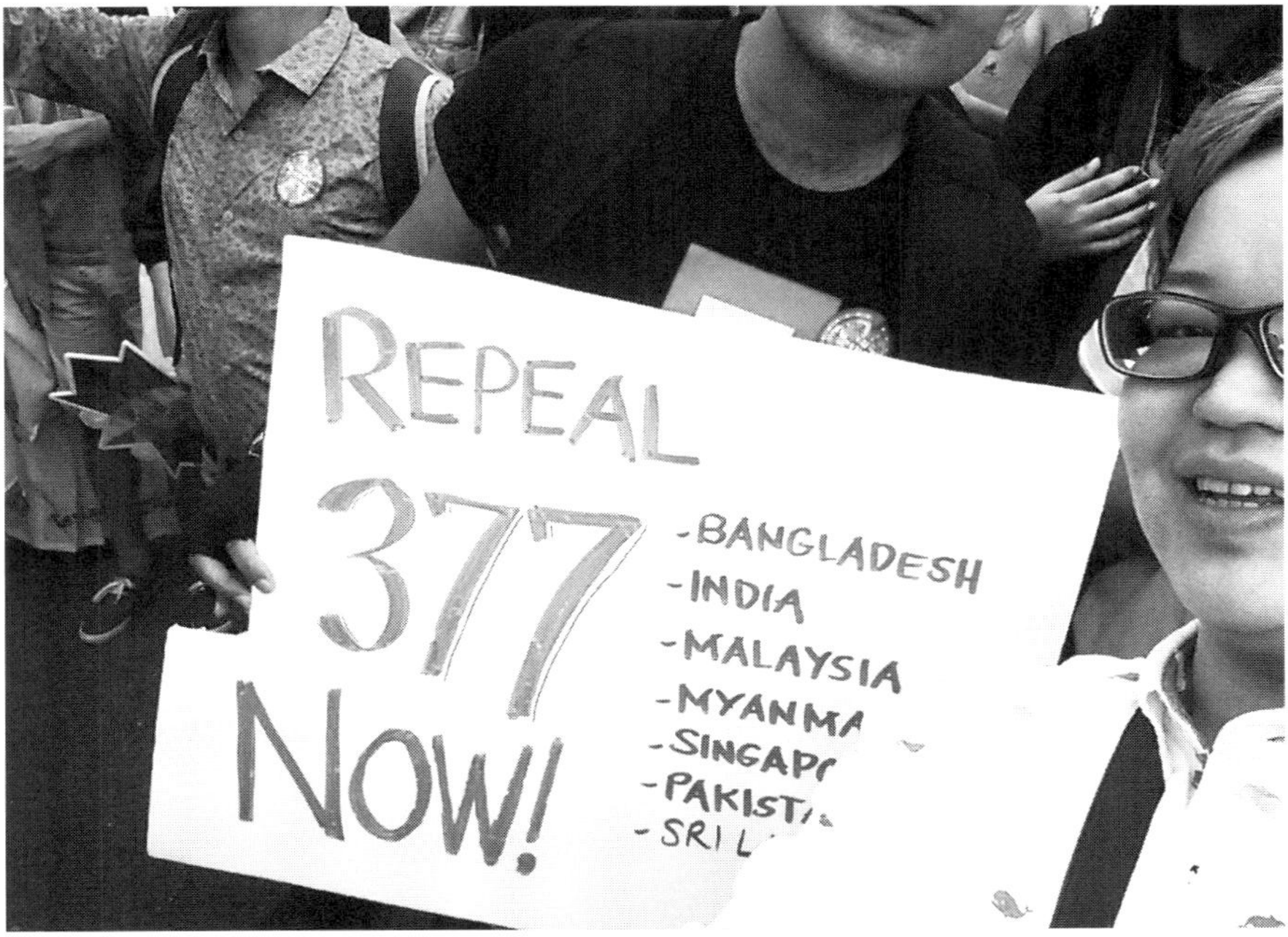

◆「今こそ377条の廃止を！　バングラデシュ、インド、マレーシア、ミャンマー、シンガポール、パキスタン、スリランカ」のプラカードをもち、同性愛を取り締まる刑法の廃止を訴えるインドの活動家と岡田実穂さん（写真右端）。台湾のパレードで。
（2015年10月、台北、提供：岡田実穂）

対する権利の侵害を含む人権侵害が増幅されます。こうしたことは「人権侵害に対する」罪が問われない雰囲気のなかで起こっている」と指摘しています。[*70]

ブルンジが同性間の性的行為を違法とする法案を検討していたとき、4人の特別報告者が上院議会に共同書簡を送り、その法案は国際人権法に抵触すること、同国のHIV／エイズ対策にマイナスの影響を与えること、LGBTの活動家たちが公権力や一般大衆の攻撃や脅しの標的になり、危険な状況に陥りかねないことなどを指摘し、認識を改めることを要請しました。[*71]

同性愛を違法とする世界76カ国のうち5カ国と　少なくともこのほかの2カ国の一部の地域では、同性愛を理由に死刑が規定されています。[*72] 同性間の合意に基づく性的行為を違法とすることは、プライバシーの権利と非差別の権利を侵害することになりますが、それに加えて死刑を適用することは、「自由権規約」第6条と「世界人権宣言」第3条に抵触することになります。第6条は、死刑を廃止していない国において、「最も重大な犯罪についてのみ科すことができる」と規定しています。それにつづけて旧人権委員会の決議では、「成人間の合意に基づ

＊70　超法規的・即決・恣意的な処刑に関する国連特別報告者による報告書（A/57/138）パラグラフ37。

＊71　人権擁護家に関する国連特別報告者による報告書（A/HRC/10/12/Add.1）パラグラフ353。

＊72　5カ国は、イラン、モーリタニア、サウジアラビア、スーダン、イエメン。International Lesbian, Gay, Bisexual, Trans and Intersex Association（ILGA）（ブリュッセル）「国家によるホモフォビア：合意に基づく同性成人間の性的行為を違法とする法律に関する国際調査」（2011年5月）10ページ参照。

く性的行為のような非暴力的行為に対して死刑を科さない」ことを保証するよう国家に求めています。[＊73]

条約機関や特別報告者もこの原則を強調しています。[＊74] たとえば、自由権規約委員会はスーダンの状況について次のように述べています。

締約国においては、役人による横領、暴力を伴う強盗、薬物取引、また本来違法とされるべきではない同性愛行為や婚外関係における性行為など、重大さの度合いが低い犯罪に対して死刑が規定されています。これは条約第６条に抵触します。[＊75]

特別報告者は、死刑の適用が国際人権法違反に当たると指摘しています。「超法規的・即決・恣意的処刑に関する特別報告者」は、２０００年、この問題について次のように報告しています。

＊73　国連人権委員会決議（死刑について）：E/CN.4/RES/2005/59 パラグラフ５、E/CN.4/RES/2004/67 パラグラフ４、E/CN.4/RES/2003/67 パラグラフ４、E/CN.4/RES/2002/77 パラグラフ４。

＊74　スーダンに関する自由権規約委員会総括所見（CCPR/C/79/Add.85）パラグラフ８。超法規的・即決・恣意的な処刑に関する国連特別報告者による報告書：A/HRC/14/24/Add.1 パラグラフ４５０～４５１、E/CN.4/2006/53/Add.2 パラグラフ２、E/CN.4/2006/53/Add.4 パラグラフ26および35および37および１０４、E/CN.4/2002/74 パラグラフ65。

＊75　スーダンに関する自由権規約委員会総括所見（CCPR/C/SDN/CO/3）パラグラフ19。

依然として同性愛に対して死刑を規定している国があることは、非常に憂慮すべき状況です。「自由権規約」第6条が、死刑は最も重大な犯罪に対してのみ科され得ると規定していること、そしてこの規定には明らかに性的指向に関するものが含まれていないことを想起しなければいけません。[*76]

ナイジェリアの一部地域でイスラム法が適用されていることに言及して、「超法規的・即決・恣意的処刑に関する特別報告者」は、「私的空間における性的行為に対して死刑を科すナイジェリアのソドミー法は、明らかに国際的義務に反している」と指摘しています。[*77]ナイジェリア政府が、死刑は事実上執行停止となっていると応じた際、特別報告者は、「法律が適用されるかもしれないという『可能性自体』が、被告人を長期にわたり脅かすものであり、残虐かつ非人道的で品位を傷つける取扱い、あるいは刑罰に相当する。法律があるかぎり、自警団による告訴や暴力を招く可能性がある」と指摘しました。[*78]

「到達可能な最高水準の身体および精神の健康を享受するすべての人の権利に

＊76　超法規的・即決・恣意的な処刑に関する国連特別報告者による報告書（E/CN.4/2000/3）パラグラフ57。

＊77　超法規的・即決・恣意的な処刑に関する国連特別報告者による報告書（E/CN.4/2006/53/Add.4）パラグラフ37。

＊78　超法規的・即決・恣意的な処刑に関する国連特別報告者による報告書（A/HRC/8/3/Add.3）パラグラフ76。

関する特別報告者」は、2010年におこなった人権理事会への報告のなかで、次のように述べています。

合意に基づく同性間の行為に死刑を科すことは、非良心的行為であるばかりでなく、生命の恣意的剥奪に相当し、「市民的および政治的権利に関する国際規約」第6条が定める生存権に違反します。[*79]

同性間の性的行為を違法とする問題に関して、もう1つの懸念は、性的指向を理由とした逮捕や拘留がおこなわれることです。「自由権規約」と「世界人権宣言」はともに、恣意的逮捕や拘留からの自由について規定しています。恣意的拘留に関するワーキンググループは、性的指向を理由に個人を拘留することは、国際法によって禁止されていると指摘をつづけています。

2002年、ナイル川の河川ボートで営業していたディスコで、男性55人が「退廃」と「社会的逸脱」の罪を問われて逮捕・拘留された事件があり、ワーキ

＊79　到達可能な最高水準の身体および精神の健康を享受するすべての人の権利に関する国連特別報告者による報告書（A/HRC/14/20）パラグラフ20。

ンググループがこの事件を検討していました。結果的にワーキンググループは、この逮捕は差別的なものであり、「自由権規約」第2条と第26条に違反し、拘留は恣意的であったと結論づけました。[*80]

また2006年には、カメルーンで同性間の性的関係を違法とする刑法第347条に基づき男性11人が逮捕された事件について見解を表明しています。2002年の事件と同様、拘留は恣意的なものであり、国際法違反に当たると判断しています。ワーキンググループは、次のように述べています。

私的空間における同性成人間の合意に基づく行為を違法とする法律の存在およびその行為を理由に刑罰を科すことは、「自由権規約」に定められた私生活に対する権利と差別からの自由を侵害するものです。ワーキンググループとしては、カメルーン法による同性愛の刑罰化は、カメルーンが批准している「自由権規約」第17条および第26条に反するものと考えます。[*81]

＊80　恣意的拘束に関するワーキンググループ　エジプトに関する意見第7／2002号（E/CN.4/2003/8/Add.1）。

＊81　恣意的拘束に関するワーキンググループ　カメルーンに関する意見第22／2006号（A/HRC/4/40/Add.1）パラグラフ19。

◆ニューヨークのナイジェリア大使館前で、同国の同性愛禁止法に抗議するデモの様子。
（2014 年 3 月、ニューヨーク、提供：OutRight Action International）

ワーキンググループは、近年の事件においても同様の見解を示しています。[*82] たとえば、エジプトのアゴウザ［カイロ郊外］で男性４人が退廃の罪で逮捕・起訴された事件について、「セクシュアリティを理由とした中傷や起訴は、国際人権法の原則を侵すものである」と表明しています。[*83] またイランの事件について、自由権規約委員会は締約国に対し、「相互の自由な合意に基づく性的行為や性的指向を理由に拘留されているすべての人の即時かつ無条件の解放を保証するように」と勧告しました。[*84]

各国に対する提言

成人間の合意に基づく性的行為を違法として刑罰の対象とすることは、プライバシーや非差別という国際法の原則に抵触するものです。合意に基づく性的行為に対して死刑を科すことは、生命に対する権利に違反します。性的指向や同性間の性的行為を理由とした逮捕や拘留についても、恣意的拘束から保護される権利により禁止されています。実際には法律が執行されていない場合でも、そのよう

＊82　恣意的拘束に関するワーキンググループ　エジプトに関する意見第42／２００８号（A/HRC/13/30/Add.1）およびエジプトに関する意見第25／２００９号（A/HRC/16/47/Add.1）。恣意的拘束に関するワーキンググループによる報告書（A/HRC/16/47）付則パラグラフ８(e)（性的指向を理由とした差別に基づく自由の剥奪を国際法違反であり恣意的と位置づけ）。

＊83　恣意的拘束に関するワーキンググループ　意見第42／２００８パラグラフ25。

＊84　イランに関する自由権規約委員会総括所見（CCPR/C/IRN/CO/3）パラグラフ10。

な刑法の存在自体が国際人権法における国家の義務違反になります。国家は、成人間の合意に基づくプライベートな性的行為を禁止するすべての法律をただちに廃止するべきです。

第4章

性的指向や性別自認を理由とした差別を禁止する

すべての人は、性的指向や性別自認を事由とするものも含めて、差別されない権利をもっています。この権利は、「世界人権宣言」第2条や人権に関する諸条約の非差別規定によって守られています。また、「世界人権宣言」第26条*は、すべての人は法の下に平等であり、差別なしに法の平等な保護を受ける権利があると定めています。

世界人権宣言

第2条：すべて人は、人種、皮膚の色、性、言語、宗教、政治的その他の意見、国民的もしくは社会的出身、財産、門地その他の地位、その他いかなる事由による差別も受けることなく、この宣言に掲げるすべての権利と自由とを享受することができる。

第7条：すべての人は法の下に平等であり、また、いかなる差別もなしに法の平等な保護を受ける権利を有する。すべての人は、この宣言に違反するいかなる差別に対しても、また、そのような差別をそそのかすいかな

＊原文では、「世界人権宣言」第26条とあるが、この内容は同宣言第7条および、「自由権規約」第26条に記されている［訳者注］。

る行為に対しても、平等な保護を受ける権利を有する。

自由権規約

第2条（1）：この規約の各締約国は、その領域内にあり、かつ、その管轄の下にあるすべての個人に対し、人種、皮膚の色、性、言語、宗教、政治的意見その他の意見、国民的もしくは社会的出身、財産、出生またはその他の地位等によるいかなる差別もなしにこの規約において認められる権利を尊重しおよび確保することを約束する。

第26条：すべての者は、法律の前に平等であり、いかなる差別もなしに法律による平等の保護を受ける権利を有する。このため、法律は、あらゆる差別を禁止しおよび人種、皮膚の色、性、言語、宗教、政治的意見その他の意見、国民的もしくは社会的出身、財産、出生または他の地位等のいかなる理由による差別に対しても平等のかつ効果的な保護をすべての者に保障する。

社会権規約

第２条：この規約の締約国は、この規約に規定する権利が人種、皮膚の色、性、言語、宗教、政治的意見その他の意見、国民的もしくは社会的出身、財産、出生またはその他の地位によるいかなる差別もなしに行使されることを保障することを約束する。

子どもの権利条約

第２条：締約国は、その管轄の下にある子どもに対し、子どもまたはその父母もしくは法定保護者の人種、皮膚の色、性、言語、宗教、政治的意見その他の意見、国民的、種族的もしくは社会的出身、財産、心身障害、出生または他の地位にかかわらず、いかなる差別もなしにこの条約に定める権利を尊重し、および確保する。

国連の立場

ＬＧＢＴの人々は、日常生活のさまざまな場面で差別に直面しています。同性愛を取り締まる法律や政策、特定の職業に就くことへの制限、社会保障の受給制限などの公的な差別のほかにも、職場や家庭、学校や医療機関などで社会的烙印［スティグマ］を押しつけられたり、排除や偏見の対象になるなどの公権力によらない差別を体験しています。

国際人権法は、性的指向や性別自認を理由にした差別を禁止しています。人種、性、肌の色、宗教と同じように、性的指向や性別自認を差別の理由にすることは許されません。

国際法では、差別について、禁止された事由に基づく直接的もしくは間接的な区別、排除、制限、特恵としています。そして、国際法が定める権利の承認、享受、行使を無効化または妨げる意図あるいは効果を有するものととらえられています。[*85] ある国の差別禁止事由の適用がほかの国と異なっているとすれば、その国はその事由を適用した理由を合理的かつ客観的に証明しなければなりません。その証明ができない場合は差別だと判定されます。

＊85　自由権規約委員会一般見解第18号パラグラフ7および社会権規約委員会一般見解第20号パラグラフ7。人種差別撤廃条約第１条、女性差別撤廃条約第１条、障害者権利条約第２条参照。

「世界人権宣言」「自由権規約」「社会権規約」［経済的・社会的および文化的権利に関する国際規約］は、いずれも差別禁止の項目のなかで差別禁止の事由を列挙しています。確かに差別禁止の事由のなかに「性的指向」や「性別自認」がはっきりと示されていませんが、どの文書にも「その他いかなる事由」と書かれています。この「その他いかなる事由」という表現は、限定列挙ではなく例示列挙で、言い換えれば差別禁止の事由は列挙された項目にとどまらないことを意味します。

社会権規約委員会は、次のように述べています。

　そもそも差別であるかどうか、その内容は状況によってさまざまに判断され、時代とともに変化していきます。ですから、合理的かつ客観的な判定項目に限定することなく、第２条第２項で明確に認められた事由に匹敵するほかの事例にも対応するために、「その他いかなる事由」として、柔軟にアプローチすることが必要なのです。通常これらの「その他いかなる事

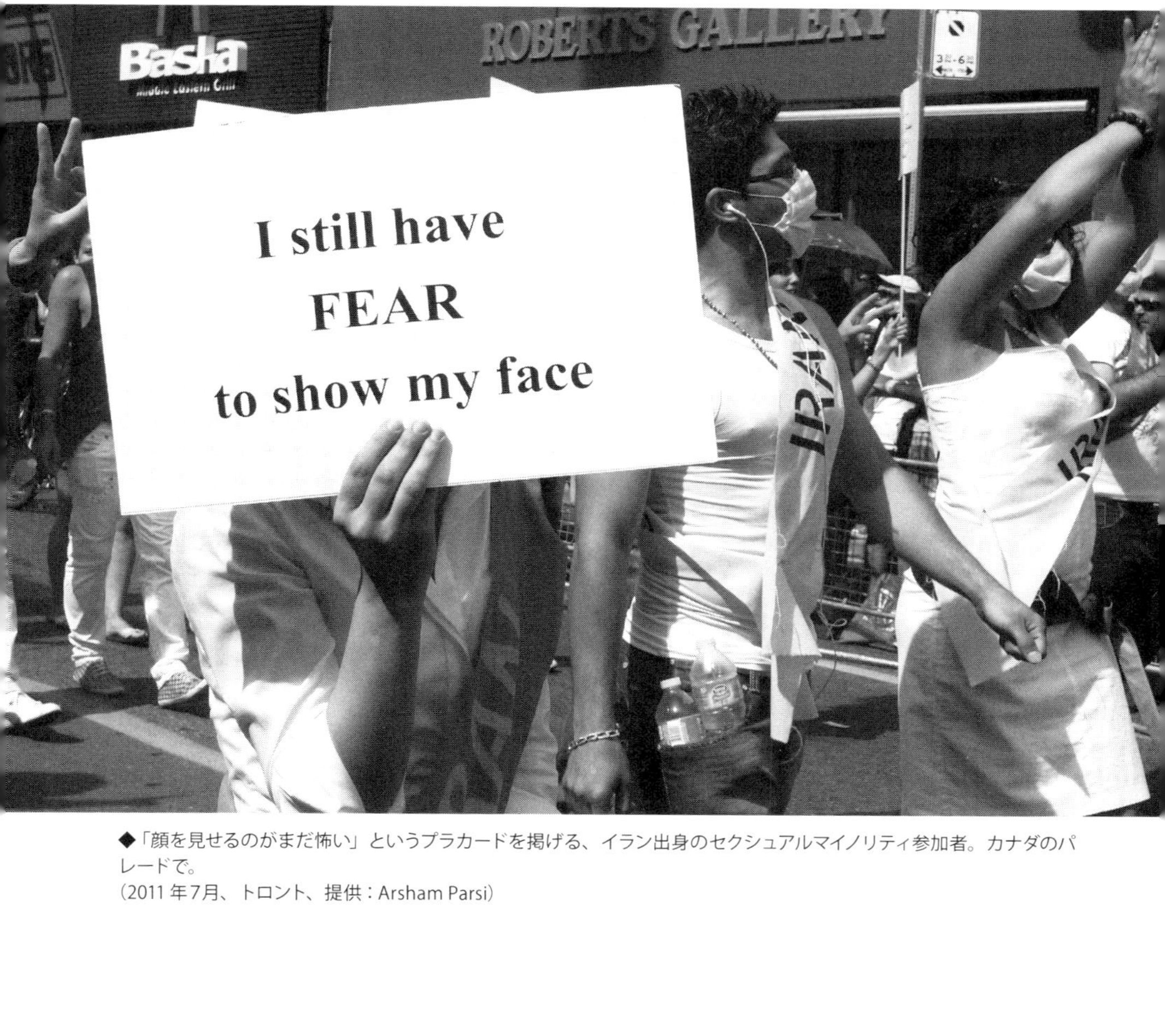

◆「顔を見せるのがまだ怖い」というプラカードを掲げる、イラン出身のセクシュアルマイノリティ参加者。カナダのパレードで。
（2011 年7月、トロント、提供：Arsham Parsi）

由」という項目は、社会の周縁に追いやられている脆弱な人々の状況を反映する場合に認められます。[*86]

国連の人権機関は、その法理や個別の見解、総括所見として、国際法では性的指向や性別自認が差別禁止事由に当たることを指摘しつづけてきましたし、人権理事会の特別手続においても、性的指向に基づく差別も性別自認に基づく差別もその両方が差別禁止事項であると一貫して認識されてきました。

自由権規約委員会は、トゥーネン事件において、「『自由権規約』第2条第1項と第26条にある『性』は、性的指向を含むものと解釈される」との見解を示しています。[*87] また委員会は、ヤング対オーストラリア事件（２００３年）、X対コロンビア事件（２００７年）のなかで、年金給付の際に同性パートナーを異なって扱うことは「『性的指向を事由とする』差別からの自由に対する権利の侵害に当たる」と判断しています。[*88]

トゥーネン事件以降、自由権規約委員会は多くの総括所見のなかで、「性的指

＊86　社会権規約委員会一般見解第20号パラグラフ27。

＊87　CCPR/C/50/d/199/1992 パラグラフ8．7。

＊88　自由権規約委員会「ヤング対オーストラリア」事件No.941/2000（CCPR/C/78/D/941/2000）パラグラフ10．4、自由権規約委員会「X対コロンビア」事件No.1361/2005（CCPR/C/89/D/1361/2005）パラグラフ9。

向にかかわらず、規約が定めるすべての権利をあらゆる人に平等に保障すること」を締約国に勧告しています。[*89] 国家は、「性的指向に基づく差別なく（中略）規約に定められた権利をすべての人に保障する（中略）法的義務がある」のです。[*90]

自由権規約委員会は、差別が禁止される事由に性的指向を含める法的整備がおこなわれるたびに歓迎の声明を公表しています。[*91] 同時に、身分証明書類での性別の変更を認めていない国があることに懸念を表明し、とくに性別自認に基づく性別の変更を認める法律の導入の必要性に言及しています。[*92]

さらに社会権規約委員会は、「社会権規約」における差別禁止の保障のなかには性的指向が含まれていることを確認しています。性的指向を差別禁止の事由にすることは、労働に対する権利、水に対する権利、社会保障に対する権利、到達可能な最高水準の健康に対する権利に関する総括所見のなかに反映されているほか、差別禁止の保障の一般的な領域にも反映されています。[*93]

２００９年、社会権規約委員会は、「トランスジェンダー、トランスセクシュ

＊89　**性的指向にかかわらず、すべての人に平等な権利を保障することに触れた文書**：チリに関する自由権規約委員会総括所見（CCPR/C/CHL/CO/5）パラグラフ16。サンマリノに関する自由権規約委員会総括所見（CCPR/C/SMR/CO/2）パラグラフ7、オーストリアに関する同委員会総括所見（CCPR/C/AUT/CO/4）パラグラフ８も参照。

＊90　CCPR/C/USA/CO/3 パラグラフ25。

＊91　**差別禁止法を歓迎する文書**：自由権規約委員会によるギリシャに関する総括所見（CCPR/CO/83/GRC）パラグラフ5、フィンランドに関する総括所見（CCPR/CO/82/FIN）パラグラフ3、スロバキアに関する総括所見（CCPR/CO/78/SVK）パラグラフ4、スウェーデンに関する総括所見（CCPR/C/SWE/CO/6）パラグラフ3、デンマークに関する総括所見（CCPR/C/DNK/CO/5）パラグラフ4、フランスに関する総括所見（CCPR/C/FRA/CO/4）。モンテネグロに関する女性差別撤廃委員会総括所見（CEDAW/C/MNE/CO/1）パラグラフ４(b)。

＊92　自由権規約委員会によるアイルランドに関する総括所見（CCPR/C/IRL/CO/3）パラグラフ8、グレートブリテンおよび北アイルランド連合王国に関する総括所見（CCPR/C/GBR/CO/6）パラグラフ5。

＊93　**性的指向に触れた文書**：社会権規

アル、インターセックスの人々は、学校や職場での嫌がらせといった深刻な人権侵害にしばしば直面している」と指摘し、差別禁止の事由に性別自認が含まれていると説明しています。*94

社会権規約委員会は総括所見のなかで、経済的・社会的・文化的権利の享受という観点から、ＬＧＢＴの人々に対する差別に懸念を表明しています。そして、これらの人々を差別から保護する法律の整備を求めています。*95 自由権規約委員会と同じく、そのような法整備をおこなっている締約国に対して賛意を表明しています。*96

また、子どもの権利委員会は、「子どもの権利条約」第２条が定める差別からの自由に対する権利のなかには、性的指向*97や性別自認*98が含まれるものと解釈しています。委員会は総括所見のなかで、差別禁止に関する法律が性的指向や性別自認を理由とした差別から個人を保護していないこと、そしてそのような差別へのとりくみが不十分であると懸念を表明しています。*99

たとえば、イギリスについては、「特定のグループの子どもたち、とくに（中

約委員会一般見解第20号（経済的・社会的・文化的権利における非差別原則）パラグラフ32、第19号（社会保障に対する権利）パラグラフ29、第18号（労働権）パラグラフ12(b)、第15号（水に対する権利）パラグラフ13、第14号（到達可能な最高水準の健康に対する権利）パラグラフ18。

*94 **性別自認に触れた文書**：社会権規約委員会一般見解第20号（経済的・社会的・文化的権利における非差別原則）パラグラフ32。

*95 社会権規約委員会によるポーランドに関する総括所見（E/C.12/POL/CO/5）パラグラフ12、中国に関する総括所見（E/C.12/1/Add.107）パラグラフ78、トリニダードトバゴに関する総括所見（E/C.12/1/Add.80）パラグラフ14。

*96 社会権規約委員会によるアイルランドに関する総括所見（E/C.12/1/Add.35）パラグラフ5、スウェーデンに関する総括所見（E/C.12/1/Add.70）パラグラフ8、リヒテンシュタインに関する総括所見（E/C.12/LIE/CO/1）パラグラフ5、モナコに関する総括所見（E/C.12/MCO/CO/1）パラグラフ3、ブラジルに関する総括所見（E/C.12/CO/BRA/2）パラグラフ3。

*97 子どもの権利委員会一般見解第4号（子どもの権利条約の文脈における思春期の健康と発達）パラグラフ6、同一般見解第3号（HIV／エイズと子ど

略）レズビアン、バイセクシュアル、ゲイ、トランスジェンダーの子どもたち（中略）が実際に差別や社会的スティグマを体験しつづけている」と懸念を表明しています。＊100

委員会は、意識啓発や差別防止のほかのとりくみを強化し、そのようなグループの子どもたちのために必要に応じて積極的な是正措置をとるよう締約国に勧告しています。

「拷問等禁止条約」［拷問及び他の残虐な、非人道的な又は品位を傷つける取扱い又は刑罰に関する条約］は、差別が禁止される事由を列挙していません。そのかわり、第1条「何らかの差別による」ものとして、いかなる理由であっても身体的・精神的にかかわらず故意に重い苦痛を人に与える行為を拷問と定めています。拷問禁止委員会は一般見解第2号のなかで、締約国の拷問防止の義務として、「性的指向」と「性別自認」を含むいかなる理由であっても「法律を適用することを確保しなければならない」と指摘しています。＊101 また総括所見では、「性的指向または／およびトランスセクシュアルであることを理由とした」警察官や

もの権利）パラグラフ8。

＊98　子どもの権利委員会一般見解第13号（あらゆる形態の暴力からの自由に対する子どもの権利）パラグラフ60および72(g)（条約締約国は、レズビアン、ゲイ、トランスジェンダー、トランスセクシュアルの子どもたちを含む脆弱あるいは周縁化された集団の子どもたちに対する暴力にとりくまなければならないことを強調）。

＊99　子どもの権利委員会によるニュージーランドに関する総括所見（CRC/C/NZL/CO/3-4）パラグラフ25、スロバキアに関する総括所見（CRC/C/SVK/CO/2）パラグラフ27、マレーシアに関する総括所見（CRC/C/MYS/CO/1）パラグラフ31、中国に関する総括所見（CRC/C/CHN/CO/2）パラグラフ31、イギリスマン島に関する総括所見（CRC/C/15/Add.134）パラグラフ22。

＊100　グレートブリテンおよび北アイルランド連合王国に関する子どもの権利委員会総括所見（CRC/C/GBR/CP/4）パラグラフ24～25。

＊101　拷問禁止委員会一般見解第2号（締約国による条約第2条の履行）パラグラフ21。

収容施設職員による性的暴力や身体的暴力に懸念を表明しています。＊[102]

拷問禁止委員会は、次のように述べています。

> 委員会は、とりわけ、風紀に関する規則によって裁量権が与えられている警察官や裁判官が、偏見をもっていたり、差別的態度をとることによって、これらの人々に対する暴力が発生していると考えています。＊[103]

「女性差別撤廃条約」［女性に対するあらゆる形態の差別の撤廃に関する条約］は、差別が禁止される事由を列挙していません。しかし、女性差別撤廃委員会は、条約締約国の義務の範囲を理解するうえで、あらゆる形の暴力にひそむ複合的な要素に注目すべきであると強調しています。

「性や性別に基づく女性に対する差別は、女性にまつわるほかの要素と密接に関連しています。それは、人種や民族、宗教、信条、健康状態、身分、年齢、階層、カースト、性的指向、性別自認などです。（中略）このような複合差別やそ

＊102　拷問禁止委員会によるコスタリカに関する総括所見（CAT/C/CRI/CO/2）パラグラフ11および18、ラトビアに関する総括所見（CAT/C/LVA/CO/2）パラグラフ19（ＬＧＢＴコミュニティを標的とした暴力行為および差別への懸念を表明）、ポーランドに関する総括所見（CAT/C/POL/CO/4）パラグラフ20（ゲイ、レズビアンに対するヘイトスピーチおよび不寛容）、アメリカ合衆国に関する総括所見（CAT/C/USA/CO/2）、エクアドルに関する総括所見（CAT/C/ECU/CO/2）パラグラフ17。

＊103　CAT/C/CRI/CO/2 パラグラフ11。

のような差別が当該女性に及ぼすマイナスの影響について、締約国は法律上定義するとともに、禁止しなければいけません[*104]」。

女性差別撤廃委員会は、一般見解第27号において、高齢女性が直面する差別は、「年齢だけでなく性別や民族的出自、障害、貧困の度合い、性的指向、性別自認、移民としての身分、婚姻や家族の状況、識字、その他の要素がからまった多元的なものである」と指摘しています[*105]。

委員会は、性的指向や性別自認を理由に女性を差別することに注意を喚起しています[*106]。ウガンダに関する２０１０年の総括所見では、「女性に対する性的指向や性別自認を理由とした嫌がらせや暴力、ヘイトクライム、憎悪の扇動に関する報告」や「女性たちが雇用や医療、教育、ほかの場面で遭っている差別」に重大な懸念を表明しています。そのうえでウガンダに対し、「包括的差別禁止法を施行し、性的指向や性別自認などあらゆる理由を含めた複合的形態の差別の禁止を通じて、暴力や差別から女性たちを効果的に保護するよう」求めました[*107]。

人権条約にかかわる多くの機関が、性別自認を理由とした法律上の差別につい

＊１０４　女性差別撤廃委員会一般見解第28号（条約第2条に関する条約締約国の主要義務について）パラグラフ18。

＊１０５　女性差別撤廃委員会一般見解第27号（高齢女性と高齢女性の権利の保護について）パラグラフ13。

＊１０６　女性差別撤廃委員会によるパナマに関する総括所見（CEDAW/C/PAN/CO/7）パラグラフ22、ドイツに関する総括所見（CEDAW/C/DEU/CO/6）パラグラフ61～62、アルゼンチンに関する総括所見（CEDAW/C/ARG/CO/6）パラグラフ43～44、南アフリカに関する総括所見（CEDAW/C/ZAF/CO/4）パラグラフ39～40、キルギスタンに関する総括所見（A/54/38,20）パラグラフ１２８。

＊１０７　ウガンダに関する女性差別撤廃委員会総括所見（CEDAW/C/UGA/CO/7）パラグラフ43～44。

て指摘しています。自由権規約委員会は、「新たに『反対の性の人々を模倣すること』を犯罪とした」クウェートの法律を挙げて憂慮の念を表明し、「条約に基づいた法律となるよう」この条項の廃止を締約国に求めました。[*108]

社会権規約委員会は、トランスジェンダーやインターセックスの人々が精神障害と見なされていることを憂慮し、「社会権規約」第12条に違反する性や生殖の健康と権利の侵害だと指摘してきました。委員会はドイツに対して、トランスジェンダーやインターセックスの人々の「個人のインテグリティ（不可侵性）と性および生殖の健康と権利」を保護するとりくみを講じるよう求めました。[*109]

また女性差別撤廃委員会は、コスタリカの事例を挙げて、身分証明書に関する新しい規程が個人の性別自認を尊重しているとして歓迎しました。[*110]

分野別の課題

性的指向や性別自認を理由とした差別から保護される権利は、市民的・政治的・経済的・社会的・文化的権利、すべての権利の享受にかかわるものです。こ

＊108　クウェートに関する自由権規約委員会総括所見（CCPR/C/KWT/CO/2）パラグラフ30。

＊109　ドイツに関する社会権規約委員会総括所見（E/C.12/DEU/CO/5）パラグラフ26。

＊110　コスタリカに関する女性差別撤廃委員会総括所見（CEDAW/C/CRI/CO/5-6）パラグラフ40。

の項では雇用・健康・教育をとりあげますが、条約機関や特別手続では、住居や社会保障のような基本的サービスを利用する際に起きる差別についても言及しています。[*111]

雇用

「社会権規約」第６条は、「この規約の締約国は、労働の権利を認めるものとし、この権利を保障するため適当な措置をとる。この権利には、すべての者が自由に選択しまたは承認する労働によって生計を立てる機会を得る権利を含む」としています。社会権規約委員会は、この規約は「雇用へのアクセスおよび雇用の保持において（中略）性的指向に基づく差別を禁止している」と述べています。[*112]

働く権利のすべての側面で、この非差別の原則は当てはまります。締約国は、働く権利がいかなる差別もなく滞りなく行使されるよう保障しなければならない義務を負っています。とりわけ「不利な立場に置かれ、かつ社会の周縁に押しやられた人々や個人」に対して、ディーセント・ワーク［働きがいのある人間らし

＊１１１　**基本的サービスにアクセスする際の差別に触れた文書**：自由権規約委員会によるロシアに関する総括所見（CCPR/C/RUS/CO/6）パラグラフ27、日本に関する総括所見（CCPR/C/JPN/CO/5）パラグラフ29。社会権規約委員会一般見解第20号パラグラフ32、適切な生活水準に対する権利の一部としての適切な住居に関する国連特別報告者による報告書：A/HRC/10/7/Add.3 パラグラフ50および A/HRC/4/18/Add.2 パラグラフ１２５および E/CN.4/2006/118 パラグラフ30、E/CN.4/2005/43 パラグラフ63。到達可能な最高水準の身体および精神の健康を享受するすべての人の権利に関する国連特別報告者による報告書：E/CN.4/2004/49 パラグラフ38、E/CN.4/2003/58 パラグラフ68。教育に対する権利に関する国連特別報告者による報告書：E/CN.4/2006/45 パラグラフ１１３、E/CN.4/2001/52 パラグラフ75。適切な住居に関する国連特別報告者による報告書：A/HRC/10/7/Add.3 パラグラフ50、A/HRC/7/16、A/HRC/4/18/Add.2 パラグラフ１２５、E/CN.4/2006/118 パラグラフ30、E/CN.4/2005/43 パラグラフ63。女性に対する暴力に関する国連特別報告者による報告書：E/CN.4/2005/72/Add.1 パラグラフ２３２～２３４。

＊１１２　社会権規約委員会一般見解第18号（労働権）パラグラフ12(b)(1)。

い仕事。decentは「まともな」「適正な」といった意味」に就く平等な機会を阻害する要素をとり除いたり、働く権利を尊重する義務が国家には課されています。[*113] 就労や就労の機会を得るための手段や資格を得る際の差別は、いかなるものであっても、「社会権規約」の「義務違反に相当」します。[*114]

雇用給付について、国家が異性カップルと同性カップルを区別することは許されていません。自由権規約委員会は、X対コロンビア事件について、年金保障が未婚の異性カップルに認められている一方で、未婚の同性カップルには認められていないことは国際規約が保障する権利の侵害に当たると判断しています。[*115] 自由権規約委員会は、同様の事例であるヤング対オーストラリア事件について次のように述べています。

現行法で年金保障から排除されている同性カップルと、年金が保障されている異性カップルの間の区別について、締約国は合理的で客観的な理由を説明できておらず、法律がそのような区別をするに至ったポイントにつ

＊113　前掲パラグラフ23。
＊114　前掲パラグラフ33。
＊115　CCPR/C/89/D/1361/2005 パラグラフ7．2。

◆「トランスジェンダー雇用に関する法律に賛成します」と訴える、アルゼンチン出身のインターセックス・トランスジェンダー活動家マウロ・カブラルさん。
（2015 年、アルゼンチン、提供：Mauro Cabral Grispan）

いて何ら証拠を示していません。

社会権規約委員会は、事件の当事者の性や性的指向を理由に年金を保障しないことは「社会権規約」第26条違反に当たると判断しています。[*116]

健康

ＬＧＢＴとインターセックスの人々は、健康権の行使の場面でもさまざまな困難に直面しています。「社会権規約」第12条（1）は、「この規約の締約国は、すべての者が到達可能な最高水準の身体および精神の健康を享受する権利を有することを認める」と定めています。社会権規約委員会は、第12条に関する一般見解のなかで、次のように述べています。

健康権は、健康である権利と理解するべきではありません。健康権は、自由と権利の両方を含むものです。自由には、性と生殖に関する自由を含

＊116　CCPR/C/78/D/941/2000 パラグラフ10．4。

む自らの健康と身体を管理する権利が含まれており、そこには拷問や同意のない医療および実験を受けないという自由、つまり干渉からの自由が含まれています。一方の権利には、人々が到達可能な最高水準の権利を享受する機会を平等に与える健康保護の制度に対する権利が含まれています。[＊117]

社会権規約委員会は、一般見解第14号のなかで、「社会権規約」は「医療や健康の重要な決定にかかわるための方法や権利などにおいて、（中略）性的指向に基づくいかなる差別をも禁じている」としています。[＊118] また一般見解第20号において、規約第２条の差別禁止の理由にある「他の地位」には、性的指向と性別自認も含まれると説明しています。[＊119]「とりわけ立場が弱く社会の周縁に押しやられている人々のために保健施設や物品、サービスを利用できる権利を確保すること」は締約国が果たさなければならない即時的な義務です。[＊120]

１９９２年、世界保健機関（ＷＨＯ）は疾病のリストから同性愛を除外しました。しかし、いまだに同性愛を病気としている国があります。拷問に関する特別

＊１１７　社会権規約委員会一般見解第14号パラグラフ８。
＊１１８　前掲パラグラフ18。
＊１１９　社会権規約委員会一般見解第20号パラグラフ32。
＊１２０　社会権規約委員会一般見解第14号パラグラフ43(a)。

報告者は、「セクシュアルマイノリティは、政府の医療矯正施設に強制的に収容され、性的指向や性別自認を理由に電気ショックやほかの『嫌悪療法』[*]を含む治療を受診させせられ、心理的および身体的なダメージがくり返し引き起こされているといわれている」と述べています。[*121]

同性間の性的行為を刑罰の対象とすることと健康権の保障は無関係ではありません。「犯罪」に当たるとされる行為が他人に知られたり、それを理由に医療機関がサービスの提供を拒否するかもしれないという危惧があると、医療サービスから遠ざかることにつながりかねません。同性間の性的行為を違法とすることは、国の健康に関する政策や計画に、ＬＧＢＴコミュニティに特有の健康上のニーズが反映されないということも意味します。

２０１０年、「健康権に関する特別報告者」は、人権理事会に対して次のように報告しています。

合意に基づく同性間行為や性的指向、性別自認に関する刑法は、多くの

＊嫌悪療法：同性愛者を異性愛者へと変えるとされる「治療」行為。同性の裸の写真を見せ、その後に電気ショックや嫌悪を催す薬物などを与える。「嫌悪療法」の害悪が指摘されている［訳者注］。

＊１２１　拷問に関する特別報告者による報告書（A/56/156）パラグラフ24。

場合、健康権を含むさまざまな人権を侵害するものです。これらの法律はそもそも差別的であり、すべての人に平等に認められた健康権のとりくみが求めているものに反しています。性的行為や性的指向を理由とする差別によって、健康権の行使にさまざまな影響が現れ、それによってほかの経済的・社会的・文化的権利の実現が妨げられます。さらには、雇用や住居の確保が困難になるなどの人権侵害が健康権の実現に悪影響を及ぼします。[*122]

特別報告者は、同性間の性的行為の刑罰化が健康権に与える影響について、①保健サービスの利用の制限、②暴力と不当な扱い、③社会的スティグマの３つを指摘しています。

同性間の性的行為が刑罰の対象となった場合、有効な保健サービスを利用することができなくなり、ＬＧＢＴコミュニティのニーズに対応した予防的医療措置を受けることが困難になります。医療関係者は、同性愛者を受け入れなくなり、場合によっては敵意のある対応をする可能性があります。[*123]

＊１２２　到達可能な最高水準の身体および精神の健康を享受するすべての人の権利に関する国連特別報告者による報告書（A/HRC/14/20）パラグラフ６。
＊１２３　**違法化と健康に触れた文書**：前掲パラグラフ17～21。

刑罰化は、「すでに存在する偏見やステレオタイプを増幅し」、社会的烙印［スティグマ］を固定化することにつながります。[*124] それによって、「とりわけ健康権の享受を侵害されがちな集団の健康の問題に、立法機関や政策立案機関が適切にとりくむことを妨げる」ことになります。[*125]

特別報告者は、国家が「健康権について中核的義務を果たし、権利の完全な享受を可能にするため」に同性間の性的行為の刑罰化を廃止すべきであると指摘しています。[*126]

合意に基づく性的関係を刑罰化することは、ＨＩＶ／エイズに関する公衆衛生へも否定的な影響を与えます。[*127] 自由権規約委員会はトゥーネン事件［74ページ参照］について、同性間の合意に基づく行為を刑罰化することは公衆衛生のうえで必要な対策だというタスマニア州の主張を認めませんでした。それどころか、「同性間の行為を刑罰の対象とすることによって、感染リスクのある多くの人々をアンダーグラウンドに追い込み、公衆衛生対策を阻害し、ＨＩＶ／エイズ予防の観点からも効果的啓発の妨げになっている」と指摘しています。[*128]

＊１２４　前掲パラグラフ22。

＊１２５　前掲パラグラフ23。

＊１２６　前掲パラグラフ26。

＊１２７　刑罰化とＨＩＶ／エイズに触れた文書：自由権規約委員会によるカメルーンに関する総括所見（CCPR/C/CMR/CO/4）パラグラフ12、ジャマイカに関する総括所見（CCPR/C/JAM/CO/3）パラグラフ9。

＊１２８　CCPR/C/50/D/488/1992 パラグラフ8．5。

特別報告者は、刑罰化による公衆衛生への否定的な影響をしばしば指摘してきました。ウガンダの「同性愛禁止法案」に関する共同書簡のなかで、次のように書いています。

法案が実施されれば、ＬＧＢＴの人々のＨＩＶや健康に関する情報やサービスの利用が制限されます。それは、ＬＧＢＴの人々からのサービスの要求や利用が落ち込むだけでなく、サービス提供者がこれらの人々への情報やサービスの提供を控えるようになりかねません。[＊129]

「健康に関する特別報告者」は、ブルンジの法案について、同性愛の刑罰化はＨＩＶ／エイズに関するとりくみに否定的な影響を与えるものであると指摘したうえで、次のように述べています。

ＨＩＶ／エイズ流行に関する公衆衛生政策は、明らかに同性愛の脱刑罰

＊１２９　超法規的・即決・恣意的な処刑に関する国連特別報告者による報告書（A/HRC/14/24/Add.1）パラグラフ１１４１。

化を意味するものであり、ＬＧＢＴ差別にあわせてとりくむことにより、ウィルスの拡大阻止につながるものです。この疑義ある法案が実施されれば、ブルンジで生きるＨＩＶ陽性の同性愛者の情報・ケア・治療の利用が制限されることになり、ひいてはＨＩＶ／エイズ流行に対する政府の対策を損ないかねません。＊130

コンゴ共和国の法案に関しても、同様の見解が示されています。＊131

多くの国で、トランスジェンダーの人々は医療サービスの利用において特有の困難に直面しています。性別移行のための処置＊を希望したとしても、法外に高額で、公的な経済的支援や保険の適用を受けられることはまれです。医療従事者のなかにも、トランスジェンダーの人々に対する理解や配慮を欠いた人が多く、専門職向けの研修機会も少ないのが実情です。＊132 インターセックスの子どもたちは、差別の対象になりがちで、本人や保護者の同意なしに性を決定する目的で不要な手術がしばしばおこなわれています。＊133

＊１３０　到達可能な最高水準の身体および精神の健康を享受するすべての人の権利に関する国連特別報告者による報告書（A/HRC/14/20/Add.1）パラグラフ14（非公式訳）。

＊１３１　意見および表現の自由に対する権利に関する国連特別報告者による報告書（A/HRC/17/27,27）パラグラフ６７５。

＊性別移行のための処置：gender reassignment therapy の訳語。gender reassignment は「性別適合」「性別再指定」などと訳されるが、本書では文脈を考慮し、このような訳をあてた［訳者注］。

＊１３２　欧州評議会人権委員「人権と性別自認」（２００９年）パラグラフ3.3、世界保健機関（ＷＨＯ）「ＨＩＶの予防と治療及び他の性感染症」パラグラフ30～31。

＊１３３　コスタリカに関する女性差別撤廃委員会総括所見（CEDAW/C/CRI/CO/5-6）パラグラフ40。

◆香港のインターセックス活動家スモール・ルックさん。スモールさん本人の経験に基づき、インターセックスの子どもたちに対する幼少期の本人の同意のない手術に異議を唱え、啓発活動をおこなっている。
（2015 年５月、香港、提供：Small Luk）

教育

学校や社会教育におけるレズビアン、ゲイ、バイセクシュアル、トランスジェンダー、インターセックスの子どもたちに対する差別は、子どもたちの教育を受ける権利を侵害します。性的指向や性別表現を理由に学校や教育機関が積極的に子どもたちを差別することもあり、ときには入学拒否や退学に至る場合もあります。[*134] ＬＧＢＴやインターセックスの子どもたちが、クラスメートや教師たちによるいじめの対象になり、暴力や嫌がらせを受ける場合も多くあります。[*135]

このような偏見や嫌がらせへの対策としては、学校や教育機関の努力を結集して、カリキュラムや議論のなかに非差別と多様性の原則をとり入れていく必要があります。メディアには、とりわけ若者に人気のあるテレビ番組などを通じて、ＬＧＢＴの人々に対する偏見を取り除いていく役割があります。

自由権規約委員会や社会権規約委員会、子どもの権利委員会は、学校での同性愛嫌悪から生まれてくる差別に対して懸念を表明し、同性愛やトランスジェンダーに対する偏見を克服するとりくみを要請しています。[*136] ユネスコは、「見た目

＊１３４　E/CN.4/2006/45 パラグラフ１１３。

＊１３５　たとえば、E/CN.4/2001/52 パラグラフ75、E/CN.4/2006/45 パラグラフ１１３参照。

＊１３６　たとえば、メキシコに関する自由権規約委員会総括所見（CCPR/C/MEX/CO/5）パラグラフ21、ポーランドに関する社会権規約委員会総括所見（E/C.12/POL/CO/5）パラグラフ12～13、子どもの権利委員会一般見解第３号（CRC/GC/2003/3）パラグラフ8および第13号（CRC/C/GC/13）パラグラフ60および72(g)、子どもの権利委員会によるニュージーランドに関する総括所見（CRC/C/NZL/CO/3-4）パラグラフ25、スロバキアに関する総括所見（CRC/C/SVK/CO/2）パラグラフ27～28、マレーシアに関する総括所見（CRC/C/MYS/CO/1）パラグラフ31。

やふるまいが異性愛の規範による性別自認から外れていると、少年が女っぽいとからかわれたり、活発な少女ががからかいの対象になったりします。この経験は小学校の校庭から始まることが多く、子どもたちはその最初のショックに耐えなければならないという体験をします」と指摘しています。[*137]

孤立や偏見はうつなどの症状になって現れ、欠席の増加、不登校、[*138]最悪の場合には自殺未遂や自殺に結びつくことがあります。[*139]イギリスでは、レズビアン、ゲイ、バイセクシュアルの若者の65％近くが性的指向を理由に学校でいじめを経験しており、４分の１以上が身体的暴力を受けたことがあるという調査があります。[*140]ほかの国で実施された調査でも同様の結果が報告されています。[*141]

教育を受ける権利には、人のセクシュアリティに関する包括的で年齢にふさわしい適切な情報を受ける権利、性教育を受ける権利があります。若者は性教育を通じて、健康な生活を送るために必要な知識を得て、自己の意思によって決定することができ、また自分や他者を性感染症から守ることができるようになるのです。[*142]教育を受ける権利に関する特別報告者は、「すべての人は自分自身のセク

＊１３７　ユネスコによるコンセプトノート「教育機関における同性愛嫌悪によるいじめと嫌がらせに関する国際会議」（２０１１年７月）、ユネスコ「同性愛嫌悪によるいじめへの教育分野の対応」（２０１２年）参照。

＊１３８　たとえば、E/CN.4/2006/45パラグラフ１１３参照。

＊１３９　E/CN.4/2003/75/Add.1 パラグラフ１５０８。

＊１４０　ルース・ハント、ヨハン・ヤンセン「イギリスの学校における同性愛の若者の経験：スクールレポート」ストーンウォール（２００７年　ロンドン）３ページ。

＊１４１　ILGA-Europe、International Gay and Lesbian Youth Organization「ヨーロッパにおける若年レズビアン、ゲイ、バイセクシュアル、トランスジェンダーの社会的排除」（２００６年）。

＊１４２　子どもの権利委員会一般見解第４号（CRC/GC/2003/4）パラグラフ26および28。国際人口開発会議行動計画パラグラフ7．47、人口開発委員会決議2009/1パラグラフ7、ユネスコ性教育国際指針第２．３章および第３．４章。

シュアリティに向き合う権利があり、包括的な性教育を実施するためには、多様性に特別な配慮を払わなければならない」と述べています。[＊143]

パートナーシップの承認

婚姻の有無にかかわらず異性カップルには保障を認めながら、未婚の同性カップルには、年金の受給、遺産の相続、パートナーの死後も公営住宅に住み続ける権利、外国人パートナーの住まいを確保する機会などの保障を認めていない国があります。同性パートナーシップ[＊]が公認されていないことや差別を禁止する法律がないために、医療機関や保険会社のような私人が同性パートナーを差別的に扱うことが起こるのです。

国際法上、国家には同性カップルの婚姻を認める義務はありませんが、[＊144]そうではあっても、性的指向や性別自認に基づく差別から個人を保護する義務はあります。それは、婚姻関係にない同性カップルに対しても婚姻関係にない異性カップルと同等な扱いと保障を確実にしなければならないということです。[＊145]

＊１４３　A/65/162 パラグラフ23。国連人口基金「包括的性教育：必要な情報・スキル・知識を若者に伝える」、ＷＨＯヨーロッパ地域事務所、Federal Center for Health Education「ヨーロッパにおける性教育の基準」27ページ他参照。

＊同性パートナーシップ：同性同士のカップルの関係性のこと［訳者注］。

＊１４４　CCPR/C/75/D/902/1999 および 10HRR40（２００３）。

＊１４５　CCPR/C/78/D/941/2000 パラグラフ10．4。

自由権規約委員会は、こうした差別に対するとりくみを歓迎しています。アイルランドに関する総括所見のなかで、シビルパートナーシップ法案［同性パートナーに関する法律案］が、「税金や福祉・社会保障などの扱いを含めて、非伝統的なパートナーシップに対して差別的にならないよう」勧告しています。*146

各国に対する提言

国家には、性的指向や性別自認による差別なく、すべての人々の人権の実現を保証することが要請されています。このことは、国際人権法上の緊急的な、また分野を超えた義務なのです。国家は、公私のいずれの領域においても、性的指向や性別自認を理由にした差別を禁止する包括的な法整備をおこなうべきで、その法律には被害者に対する救済策が盛り込まれる必要があります。また社会の差別的雰囲気を解消するために、啓発キャンペーンや研修プログラムをとり入れることが不可欠です。

＊１４６　アイルランドに関する自由権規約委員会総括所見（CCPR/C/IRL/CO/3）パラグラフ８。

第5章

表現・結社・平和的集会の自由を尊重する

性的指向や性別自認を理由に表現・結社・平和的集会の自由の権利を制限することは、「世界人権宣言」第19条、第20条、「自由権規約」第19条、第21条、第22条に違反します。これらの権利を制限する場合には、国際法の差別禁止原則に従わなければなりません。

世界人権宣言

第19条：すべて人は意見を持ち表現する自由への権利を有する。この権利は、干渉を受けることなく自己の意見を持つ自由ならびに、媒体の如何を問わずかつ国境に妨げられることなく、情報および思想を求め、受け、伝える自由を含む。

第20条（1）：すべて人は平和的集会および結社の自由に対する権利を有する。

自由権規約

第19条（2）：すべての者は、表現の自由についての権利を有する。この権利には、口頭、手書きもしくは印刷、芸術の形態または自ら選択する他の方法により、国境とのかかわりなく、あらゆる種類の情報及び考えを求め、受け取り、伝える自由を含む。

第21条：平和的な集会の権利は、認められる。この権利の行使については、法律で定める制限であって国の安全もしくは公共の安全、公の秩序、公衆の健康もしくは道徳の保護または他の者の権利及び自由の保護のため民主的社会において必要なもの以外いかなる制限も課することができない。

第22条（1）：すべての者は、結社の自由についての権利を有する。この権利には、自己の利益の保護のための労働組合を結成し及びこれに加入する権利を含む。

国連の立場

「世界人権宣言」は、思想と表現・平和的集会・結社の自由の権利をすべての人に認めています。「自由権規約」第19条、第21条、第22条にも同様の権利が規定されています。

表現の自由には、「口頭、手書きもしくは印刷、芸術の形態または自ら選択する他の方法により、国境とのかかわりなく、あらゆる種類の情報および考えを求め、受け取り、伝える自由」の権利が含まれています。[*147] 表現の自由は、結社と集会の権利を享受するうえでも欠くことができません。

結社の自由には、個人が集って共通する関心事項についてともに表現したり、推進したり、追究したり、守ることが含まれます。

集会の自由とは、公的空間であれ私的空間であれ、デモや行進、パレードをはじめとするあらゆる形態の集会を指します。

これらの権利は、積極的な市民社会や機能的な民主主義の根幹をなすものであり、人権擁護家の活動にとっても重要な権利です。

国連の人権機関は、ＬＧＢＴの人々やグループが、結社・表現・集会の自由の権利を享受することを制限されている多くの事例を確認しています。「公的な場

＊１４７　自由権規約第19条(2)。

◆ウガンダの活動家リチャード・ルシンボさん。ボツワナのセクシュアルマイノリティ支援団体 LEGABIBO の団体登録が争われた件で「LEGABIBO と連帯します」と書かれた紙を掲げて支援の声を届けた。
（2016 年 3 月、ウガンダ・カンパラ、提供：Umulugele Richard Lusimbo）

での同性愛の促進」や「同性愛の宣伝」を禁止する法律は、セクシュアリティについてのあらゆる公の議論を沈黙させかねません。国によっては、ＬＧＢＴの行進やパレード、集会が禁止されたり、ＬＧＢＴの人々が脅迫や暴力の対象になっています。[*148] 非政府組織や団体としての登録を政府に拒否されるということも少なからず起きています。

たとえば、「意見と表現の自由の権利に関する特別報告者」は、ジャマイカ・フォーラム・オブ・レズビアン・オールセクシュアルズ・アンド・ゲイ（ＪＦＬＡＧ）に対する殺害予告に関して懸念を示し、以下のような報告をしています。

同性愛の男性や女性の権利を守ろうとする個人や団体、とりわけＪＦＬＡＧのメンバーは、当局によってその表現の自由の行使を阻止されたり、同性愛への偏見からくる暴力の危険にさらされています。しかし、政府はとりたてて問題視していないという印象があります。[*149]

＊１４８　たとえば、現代的形態の人種差別に関する国連特別報告者による報告書（E/CN.4/2006/16/Add.1）パラグラフ72参照。

＊１４９　意見および表現の自由に対する権利に関する国連特別報告者による報告書（E/CN.4/2005/64/Add.1）パラグラフ４９４。人権擁護家に関する国連事務総長特別代表による報告書（E/CN.4/2005/101/Add.1）パラグラフ３４２。

モスクワでＬＧＢＴプライドパレードの開催が禁止されたとき、自由権規約委員会はロシア政府に、「ＬＧＢＴコミュニティに対し、平和的結社と集会の権利の実質的行使を保障するよう、必要なあらゆる対策を講じること」を求めました。[*150] リトアニア議会が、同性愛や両性愛に関する情報の発信を禁止する法案を検討したときには、「意見と表現の自由に関する特別報告者」と「人権擁護家に関する特別報告者」が、法案は表現の自由を制限するものであり、「とりわけ、レズビアン、ゲイ、バイセクシュアル、トランスジェンダー（ＬＧＢＴ）の人々の権利の保護に向けて活動する人権擁護家のとりくみ」を制限しかねないとして緊急の共同声明を発表しました。[*151] 同様に、コンゴ民主共和国の法案について共同声明のなかで以下のような懸念を表明しました。

法案は、コンゴ民主共和国においてＬＧＢＴの平等を保護・促進するとりくみをおこなっている人権擁護家に対し、否定的な影響を与えかねません。法案によって、人権擁護家が当局や市民からの暴力や嫌がらせの標的

＊１５０　ロシアに関する自由権規約委員会総括所見（CCPR/C/RUS/CO/6）パラグラフ27。

＊１５１　意見および表現の自由に対する権利に関する国連特別報告者による報告書（A/HRC/14/23/Add.1）パラグラフ１４０５。

となる恐れがあり、人権擁護家をさらに危険な状況にさらすものです。[*152]

国家は、個人や団体の結社・表現・集会の自由の権利の制限を正当化する理由として、よく「公衆道徳」をあげます。「自由権規約」は、結社・表現・集会の自由の権利は、法律で定める場合であって、民主的社会においては必要な場合以外は制限することを認められないとしています。制限を認める目的として第19条、第21条、第22条にあげられた内容には、公衆の健康や道徳の保護が含まれています。ただし、これらの権利を制限する法律は、「規約の各規定、趣旨及び目的とも両立するものでなければならず」「規約の差別禁止規定に反してはならない」とされています。[*153]

「人権擁護家に関する特別報告者」も「意見と表現の自由の権利に関する特別報告者」も、ＬＧＢＴやインターセックスの人権擁護家や関連する課題にとりくむ人々の権利の侵害について、積極的に事例の収集をおこなってきました。[*154]「人権擁護家に関する事務総長特別代表」は、以下のように述べています。

＊１５２　意見および表現の自由に対する権利に関する国連特別報告者による報告書（A/HRC/17/27/Add.1）パラグラフ６７６（非公式訳）。

＊１５３　自由権規約委員会一般見解第34号（第19条）パラグラフ26、一般見解第22号（第18条）パラグラフ８（「制約は差別的な目的で課されてはならず、また差別的な方法で適用されてはならない」）。

＊１５４　**ＬＧＢＴ擁護家のリスクをとりあげた文書**：人権擁護家に関する国連特別報告者による報告書：A/HRC/16/44パラグラフ37および43および85、A/HRC/13/22/Add.3、A/HRC/13/22パラグラフ49、A/HRC/10/12パラグラフ21および65および72および74および82、A/HRC/4/37パラグラフ93～96。事務総長特別代表による国連総会への年次報告書（A/61/312）パラグラフ7、人権擁護家に関する国連事務総長特別代表による報告書（C/CN.4/2001/94）パラグラフ89、意見および表現の自由の促進と保護に関する国連特別報告者による報告書：A/HRC/17/27/Add.1パラグラフ６７１～６７６および１６５４～１６５９および２２２８～２２３１および２０１２～２０１８、A/HRC/14/23/Add.1パラグラフ４８５～５０５および１０１８～１０４８および２４８３～２４８９および２５０８～２５１２および２０９３～２１１３および１４００～１４１４、A/HRC/14/23/Add.2パラグラフ５、A/HRC/7/14/Add.1パラグラフ５２９～

どの地域でも、警察官や政府役人が［レズビアン、ゲイ、バイセクシュアル、トランスジェンダー、インターセックス（ＬＧＢＴＩ）の人々の］権利を擁護する人々への暴力や脅迫の加害者となっている事例が多くみられます。

　このような事例のなかには、当局がデモや会議、会合を禁止したり、ＬＧＢＴＩの権利のために活動する団体の登録を拒否したり、ＬＧＢＴＩの権利を擁護する人々に対して暴行や性的暴力をはたらいたりしているケースもありました。当局は、これらの人権擁護家に対する行為を、「大衆」がそのようなデモや団体登録を望んでいない、あるいは「国民」がＬＧＢＴＩが社会に存在することを好ましく思っていないという理由で正当化しようとしました。

　特別代表としては、「世界人権宣言」第２条と第12条に基づき、国家には人権擁護家を暴力や脅迫から保護する責務があることを想起します。＊155

５３０、E/CN.4/2006/55/Add.1 パラグラフ１０４６、E/CN.4/2005/64/Add.3 パラグラフ75～77、E/CN.4/2002/75/Add.1 パラグラフ１２２～１２４、E/CN.4/2005/64/Add.1 パラグラフ４９４および６４８および７９０および９７２および９８１。

＊１５５　人権擁護家に関する国連事務総長特別代表による報告書（A/HRC/4/37）パラグラフ96。

「世界人権宣言」第19条についていうと、性的指向や性別自認にかかわらず、表現の自由の権利はすべての人がもつ権利であり、このことは国連の特別手続のなかで確認されています。「人権擁護家に関する特別代表」は、ＬＧＢＴの人々の権利を擁護する活動を禁止する内容を含むナイジェリアの法案に関連し、「ゲイやレズビアンの権利擁護について、人権擁護家の表現や結社の自由を制限するものであり、深刻な懸念がある」と述べています。[*156]

同様に、２００９年にウガンダで同性愛禁止法案が上程されたときには、２人の特別報告者が次のような共同声明を出しています。

法案は、同性愛に関する出版や資料の配布、関連する活動の助成や後援を禁止する内容で、意見や表現、平和的集会や結社の自由に対する権利の行使を不当に妨げるものです。[*157]

「意見や表現の自由に対する権利の促進および保護に関する特別報告者」は、

＊１５６　人権擁護家に関する国連事務総長特別代表による報告書（A/HRC/4/37/Add.1）パラグラフ５１１。

＊１５７　人権擁護家に関する国連特別報告者と意見および表現の自由に対する権利に関する国連特別報告者による共同声明（２０１０年３月１日）。

コロンビアを訪問したときの報告書のなかで、「すべての市民は、とりわけその性的指向にかかわらず、自己表現の権利や、情報を求め、受け、伝える権利がある」と強調しています。[*158]

各国に対する提言

国家は、性、性的指向、性別自認にかかわらず、表現、結社、平和的集会の自由の権利をすべての人に保障しなければいけません。また、これらの権利を差別的に制限することは認められません。

これらの権利の行使を保障するため、国家には、私人による暴力や嫌がらせを予防し、実効的に調査し処罰することが求められます。

＊１５８　意見および表現の自由に対する権利に関する国連特別報告者によるコロンビアに関する報告書（E/CN.4/2005/64/Add.3）パラグラフ75および76。

あとがきにかえて

ＬＧＢＴの人々を暴力や差別から保護することは、ＬＧＢＴのために新たな権利をつくることではありませんし、新たな国際人権基準をつくるものでもありません。

国連におけるＬＧＢＴの平等をめぐる議論は、政治的には白熱するテーマであり、複雑ではありますが、法的観点からみると、実にシンプルなのです。国家には、ＬＧＢＴの人々を人権侵害から保護する義務があることは従来の原則においてすでに確立されていて、すべての国連加盟国に課されていることなのです。

この本では、国連の人権機関による実際の決定や提言、指針を紹介しながら、これらの法的義務の根拠や範囲について説明してきました。国家による緊急の対応が求められる５つのテーマとして、①暴力からの保護、②拷問の予防、③同性愛違法化の廃止、④差別の禁止、⑤表現や結社・平和的集会の自由にそって各国の義務について解説しました。

近年、多くの国は、各分野における人権の保護の強化に意欲を示しています。差別禁止の法制化、同性愛嫌悪に基づくヘイトクライムの刑罰化、同性パートナーシップの承認、トランスジェンダーの人々が法律上の性別変更をより簡単におこなえるようにするなど、新たな法律が誕生しています。警察官や刑務所職員、教師、ソーシャルワーカー、人事担当者を対象とした研修が開かれるようになり、多くの学校でいじめをなくすとりくみも進められています。

同時に、ＬＧＢＴの人々に対する偏見をなくし、暴力や差別から守るため、すべての国にいっそうの努力が求められています。国連人権高等弁務官事務所は国連や地域組織、政府、国内人権機関、市民社会など、変革に向けて活動をつづけるすべての人に、この本が有益な情報源となり、そのとりくみの一助となることを願っています。

日本語版の読者のみなさまへ

谷口洋幸（高岡法科大学准教授）

「すべての人間は、生まれながらにして自由であり、かつ、尊厳と権利とについて平等である」。

１９４８年に国連総会で採択された「世界人権宣言」第1条にかかげられた人権の基本理念です。国連人権高等弁務官事務所は、性的指向や性自認に関する人権をまとめた本書のタイトルに、この基本理念で使われたフレーズ〝ＢＯＲＮ ＦＲＥＥ ＡＮＤ ＥＱＵＡＬ〟をそのまま採用しました。そこには2つの重要な意味が込められています。

ひとつは、性的指向や性自認に関連する人権は、「新しい人権」ではなく、また、ＬＧＢＴと呼ばれる人々に「特別な権利」を付与するものでもない、ということです。

国連の人権施策を通して、性的指向や性自認を理由とする差別や暴力、社会的な抑圧や烙印づけは世界各地でみられる共通の事象であることが明らかになりました。そのような事象が生じている社会では、人々は自分が自分らしく生きることを根本から否定されます。また、国家の側も、多くの場合に、そういう生き方を無視して社会制度をつくりあげています。

そこで振り返るべきなのが「世界人権宣言」第1条です。すべての人間が等しく人権の享有対象であるにもかかわらず、家庭、学校、職場など、生活のあらゆる場面で、人間は女性と男性に明確に二分され、お互いが惹かれ合うという前提がおかれていました。言い換えれば、一部の性的指向や性自認を有する人々だけに、特別な自由が保障され、権利が不均衡に保障されているのです。一部の性的指向や性自認とは、身体の性別と性自認が一致していて、性的指向が異性のみに向いている場合を指します。

本来であれば、人間は人間であるがゆえに、すべての人権が享有されなければなりません。ところが、性的指向や性自認を軸にしてみると、一部の人々にしか人権が保障されておらず、残りの人々は不自由を強いられ、不平等に扱われている。「世界人権宣言」第1条をひいた本書のタイトルは、このような認識の転換を呼び起こしてくれます。

タイトルに込められたもうひとつの意味は、自由や平等は自然に実現できるものではなく、その実現は国家に課せられた義務である、ということです。

世界人権宣言の採択にはじまる国連の人権施策は、国際社会を構成するすべての国家が保障すべき人権の内容を話し合い、その実現に向けて国際協力を達成していく目的のもとで実施されています（国連憲章第1条第3項）。すべての人間の自由や平等を実現することは、まさしく、国際社会の目的であり、国家の義務なのです。

人権は、第二次世界大戦後に設立された国連によって、国際関心事項に位置づけられました。これは、かつて人権が国内問題と認識されていた時代に生じた重大な人権侵害（ナチス政権によるホロコーストなど）に国際社会が対応できなかった反省によるものです。人権を実現するための国際協力として、これまでいろいろな人権条約が結ばれてきました。自由権や社会権のような全体的な条約から、人種、難民、拷問禁止、女性、子ども、移住労働者、障がい者など、テーマや属性ごとの個別条約まで、現在もその数は増えつづけています。

また国連人権理事会から任命される特別報告者らは、世界各地の人権状況をテーマや国ごとに調査し、人権改善のための提言や勧告をおこなっています。国連人権理事会には、国連加盟国の人権状況を4年半に一度ずつ審議する制度（普遍的定期審査）も導入されました。

本書の各章には、これら国連の人権施策のなかで扱われた性的指向や性自認の人権の議論が丁寧に紹介されています。そこから導き出される国家の義務は、単なる標語や理念ではなく、具体的かつ実現可能性のあるものです。

国連人権高等弁務官事務所が作成した本書が、日本語版として刊行されることにも重要な意味があります。性的指向や性自認に関する国連の人権施策において、日本は常に積極的な役割を果たしてきました。本書のきっかけとなった国連人権理事会の２０１１年決議には賛成票を投じています。それ以前にも国連総会や国連人権理事会において、性的指向や性自認の人権施策を支持する共同声明をほかの国とともに出しつづけてきました。

ただし、国内に目を転じてみると、性的指向や性自認に関する人権保障が具体的に進んでいるとは言いがたい状況がつづいています。事実、人権条約の履行監視委員会や国連人権理事会の普遍的定期審査では、性的指向や性自認に関する人権保障の不十分さが指摘され、法改正や新規立法を含む具体的な措置を講ずるよう勧告が出されつづけています。

国家の義務を具体的にまとめた本書は、市民社会の側から国家に対して、立法を含むいろいろな施策を求めていくための有益な道具となります。すべての人間の自由と平等を実現する「不断の努力」（憲法第12条）の一環として、本書が十分に活用されることを願っています。

訳者あとがき

２０１２年末、ストックホルムで開かれたＩＬＧＡ世界会議に、潘基文国連事務総長から祝辞が届きました。国連人権高等弁務官事務所の職員により代読されたメッセージには、以下のことばが含まれていました。

世界人権宣言の第1条は「すべての人間は、生れながらにして自由であり、かつ、尊厳と権利とについて平等である」と謳っています。くり返します。一部の人、大部分の人、ではなく、すべて、です。だれに人権が認められて、だれに認められないなどと、決める権利のある人はいません。

本書のもととなった冊子『BORN FREE AND EQUAL–Sexual Orientation and Gender Identity in International Human Rights Law』が刊行されたのは、潘事務総長のメッセージと同じ２０１２年のことです。この前年には、

南アフリカ政府が国連人権理事会に決議案「性的指向・性別自認と人権」を提出して採択されるという出来事がありました。

冊子と潘事務総長のメッセージが出された翌年、国連人権高等弁務官事務所は、南アフリカで、レズビアン、ゲイ、バイセクシュアル、トランスジェンダー、インターセックス（ＬＧＢＴＩ）の人々の平等をテーマとする国連初の啓発キャンペーンFree & Equal（自由と平等）の開始を宣言しました。ＬＧＢＴＩとして生きることや、ＬＧＢＴＩの人権を擁護することが「西洋的」とみなされることがあるなかで、当時の国連人権高等弁務官ナビ・ピレイの出身国であり、人権理事会決議の提案国であった南アフリカでこのキャンペーンが始まったことは、ＬＧＢＴＩの人権を擁護することが「西洋的」などではなく、普遍的であることを印象づけたと思います。

人権理事会決議を含む国連における性的指向・性別自認と人権をめぐる動きや本書の構成については、「はじめに」に説明されていますので、くり返しません。

私たちは、高度に複雑化した、混沌とした世界に生きています。翻訳を終えてこのあとがきを書いている今、アメリカフロリダ州のゲイナイトクラブ襲撃事件の報道と犠牲者・遺族への哀悼と連帯のメッセージを目にしないことがありません。さらに、シリアではＩＳＩＳにより同性愛を理由に人々が建物から突き落とされ[*1]、今年１月から４月までには６大陸で少なくとも１００人のトランスジェンダーの人々が、憎悪を動機とする殺人で命を奪われています。[*2] 日本も含めて、世界には、性的指向や性別自認を理由とする暴力や差別が起こらない日は１日たりともないのが、私たちが生きる現在の世界です。

本書では、国際人権法上、性的指向・性別自認を理由とした暴力や差別を根絶し、ＬＧＢＴＩの人々がＬＧＢＴＩではない人々と同様に、平等に、その自由と尊厳を守られるようにするために、国家がとりくまなければならない事柄が説明されています。

日本は、国連にこれまで提出された性的指向・性別自認と人権に関する声明や決議に一貫して賛同してきました。同時に、人権理事会でおこなわれる普遍的定期審査や、自由権規約委員会、社会権規約委員会、女性差別撤廃委員会において、性的指向・性別自認を含む差別を禁止する法的措置を講じるようくり返し勧告されていながらも実行していません。日本は、国際人権法上の義務を果たしているのだろうか。そのような視点からも、本書を読むことができます。

本書が、人権問題に携わったり、学んだりしている人々や、多様な性を生きる人々の人権が守られるよう国や地域レベルで活動している人たちの実践において活用されることを願っています。そして、ＬＧＢＴＩの当事者が「人として、生まれつき私に認められているはずの権利は何なのか」を理解する助けにもなれば幸いです。

最後に、本書のために快く写真を提供してくれた世界各地で「すべての人」の自由と平等のためにたたかう友人たちと、お忙しいところ解題の執筆を快諾してくださった谷口洋幸さんに、心からの敬意と感謝を申し上げます。最後まで根気強くお付き合いくださった合同出版編集部の山林早良さんと金詩英さんにも深謝いたします。

今年6月30日には、性的指向・性別自認に基づく差別と暴力からの保護に関する特別報告者の創設が、国連人権理事会で決議されました。[*3]「はしがき」で「希望の時代が近づいている」とナビ・ピレイが書いていますが、そのことを実感させる新たなステップです。世界の、日本のどこに生きていようとも、だれもが「生れながらにして自由であり、尊厳と権利において平等」な世界が1日でも早く実現することを切に願います。

２０１６年９月　山下 梓

＊１　Stern J. OutRight Action International. ISIS' Warped Take On Morality. March 5 2015 https://www.outrightinternational.org/content/isis-warped-take-morality

＊２　Trans Respect Versus Transphobia. Transgender Europe. Already 100 reported murders of trans people in 2016. May 12 2016 http://transrespect.org/en/idahot-2016-tmm-update/

＊３　国連人権高等弁務官事務所 . Council establishes mandate on protection against violence and discrimination based on sexual orientation and gender identity. ２０１６年６月30日 http://www.ohchr.org/en/NewsEvents/Pages/DisplayNews.aspx?NewsID=20220&LangID=E#sthash.MzWK9mxq.dpuf

【著者紹介】

国連人権高等弁務官事務所
（Office of the United Nations High Commissioner for Human Rights：OHCHR）

国連人権高等弁務官は国連の人権活動に主要な責任をもち、すべての人が市民的、文化的、経済的、政治的、社会的権利を享受できるように促進かつ擁護する。人権高等弁務官事務所は、総会やその他の政策決定機関の要請を受けて報告書を作成し、調査研究をおこなう。各国政府、国際機関、地域機関、非政府組織と協力する。また、国連の人権機関が開催する各種会議の事務局もつとめる。

・「人権条約部」は、9つの人権条約機関と国連拷問犠牲者支援基金を支援する。これらの独立した専門家機関のために文書を作成して提出し、選択手続きの下にこれらの機関に提出された通報を処理し、条約機関の会議で採択された勧告や決定のフォローアップをおこなう。また、条約機関の勧告を実施できるように国民の能力を強化する。

・「人権理事会・特別手続き部」は、人権理事会とその「普遍的・定期的レビュー」プロセス、事実調査や調査機構を支援する。それには特別報告者、特別代表、テーマ別作業グループも含まれる。世界の人権侵害を記録し、犠牲者の保護を進め、かつ犠牲者の権利を保護することを目的とする。

・「研究・発展の権利部」は、発展の権利を促進、保護する責任をもつ。そのため、調査研究をおこない、「発展の権利作業グループ」を支援し、開発活動において人権の主流化を図る。また、「現代的形態の奴隷制度に関する国連任意信託基金」や「先住民のための国連任意基金」に役務を提供する。

・「フィールド活動・技術協力部」は、政府の要請を受けて諮問サービスやその他の技術援助プロジェクトを発展させ、実施し、監視し、評価する。また、人権事実調査団や調査を支援する。

（国際連合広報センター HP より）

・ホームページ：http://www.ohchr.org/EN/Pages/Home.aspx

【訳者紹介】

山下　梓（やました・あずさ）

2005 年からゲイジャパンニュース（International Lesbian, Gay, Bisexual, Trans and Intersex Association：ILGA 加盟）に参加し、性的指向・性別自認と人権に関する国外のニュースを翻訳、編集。2008 年から日本の状況について国連への NGO レポートの執筆やロビイングをおこなう。2012 年に ILGA 共同代表代行、2013 年に ILGA 共同代表を務めた。岩手レインボー・ネットワーク主宰。岩手大学男女共同参画推進室特任研究員を経て、現在、弘前大学男女共同参画推進室助教。

編集担当　山林早良＋金詩英
装幀　守谷義明＋六月舎
組版　Shima.

みんなのための LGBTI 人権宣言
――人は生まれながらにして自由で平等

2016 年 11 月 25 日　第 1 刷発行

著　　者　国連人権高等弁務官事務所
訳　　者　山下　梓
発 行 者　上野良治
発 行 所　合同出版株式会社
東京都千代田区神田神保町 1-44
郵便番号　101-0051
電　話　03（3294）3506 ／ FAX 03（3294）3509
振　替　00180-9-65422
ホームページ　http://www.godo-shuppan.co.jp/
印刷・製本　株式会社シナノ

■ 刊行図書リストを無料進呈いたします。
■ 落丁・乱丁の際はお取り換えいたします。

ISBN978-4-7726-1280-7　NDC360　216 × 151